LIANXU PEIJIN HUNNINGTU
JICENG JIEGOU SHEJI
FANGFA YANJIU

连续配筋混凝土
基层结构设计
方法研究

丁润铎　周少乐　著

U0727758

东北林业大学出版社
Northeast Forestry University Press
·哈尔滨·

图书在版编目（CIP）数据

连续配筋混凝土基层结构设计方法研究／丁润铎，
周少乐著 . —哈尔滨：东北林业大学出版社，2016.12
（2025.4重印）

ISBN 978-7-5674-0984-2

Ⅰ．①连… Ⅱ．①丁… ②周… Ⅲ．①连续配筋混凝
土路面—结构设计 Ⅳ．①U416.216

中国版本图书馆 CIP 数据核字（2017）第 015624 号

责任编辑： 赵　侠　刘天杰

封面设计： 宗彦辉

出版发行： 东北林业大学出版社

（哈尔滨市香坊区哈平六道街 6 号　邮编：150040）

印　　装： 三河市天润建兴印务有限公司

开　　本： 710 mm×1 000 mm　1/16

印　　张： 11

字　　数： 132 千字

版　　次： 2017 年 9 月第 1 版

印　　次： 2025 年 4 月第 3 次印刷

定　　价： 48.00 元

如发现印装质量问题，请与出版社联系调换。（电话：0451-82113296　82191620）

前　言

随着经济的快速发展，我国高等级公路通车里程数不断刷新。由于车辆的超载、重载等原因，部分高等级路面的使用性能衰减过快，寿命大大缩短。为解决该突出问题，行业人员围绕结构、材料等方面进行了大量研究与实践，长寿命路面、全厚式路面、耐久性路面是其中成功的代表性成果。作为耐久性路面的一种新型结构，连续配筋混凝土基层沥青路面不仅具有行车舒适，养护费用低等特点，而且在寿命周期内，可以大幅度提高路面结构的耐久性能。特别是连续配筋混凝土基层配筋率低、强度高、经济、耐久，将会在重交通高等级公路中有良好的应用前景。

笔者长期关注国内外路面耐久性研究，以攻读硕士期间的研究成果为基础，之后通过不断学习与研究，结合试验与调查，逐步对连续配筋混凝土基层设计方法进行了修正与完善，为更好地推广耐久性路面的理念与新型结构的使用，将十余年的研究成果予以整理、出版。

本书首先通过有限元法，建立钢筋－混凝土分离式模型，对连续配筋混凝土基层进行荷载应力分析，得到了不同裂缝间距的两种临界荷位；通过对结构参数的分析，得到基层模量、厚度等参数对其板底应力的影响规律。然后，采用解析法推导出连续配筋混凝土板在温缩、干缩等条件下混凝土与钢筋的应力及位移计算公式，并对温度、配筋率等参数进行影响分析；结合理论分析与国内外使用经验，建立了连续配筋混凝土基层结构设计方法，提出了纵向配筋率 0.3%～0.6%，裂缝宽度最大 1.5mm 等设计推荐技术要求，并通过铺筑试验路段，研究连续配筋混凝土基层施工技术。最后，本书介绍了日本机场沥青道面半柔性材料修补设计，可为连续配筋混凝土基层沥青路面的快速养护提供借鉴；并详细介绍了日本连续配筋混凝土基层的使用案例。

本书由交通运输部公路科学研究院丁润铎副编审、中国航空规划设计研究总院有限公司周少乐高级工程师著述。主要分工如下：第 1 章、第 2 章、第 7 章由丁润铎、周少乐编写，第 3 章至第 5 章由丁润铎编写，第 6 章由周少乐编写。

本书所涉及的研究是在连续配筋混凝土面层结构设计方法研究的基础上进行的，并得到了长安大学陈拴发教授、王秉纲教授及交通运输部公路科学研究院曹东伟研究员的悉心指导；此外，交通运输部公路科学研究院王松根研究员、山东公路技师学院马庆雷研究员、长安大学陈华鑫教授、郑木莲教授、张洪亮教授、张驰副教授等师长、朋友在各方面给与了大量帮助。借此，表示由衷感谢。

谨以此书纪念恩师陈拴发教授、胡长顺教授。

目　录

1

绪　论

随着我国经济的迅速发展，高等级公路的里程不断增加，我国已成为世界高等级公路大国。截至 2015 年年底，全国高速公路通车总里程已突破 12 万千米。大批高等级公路的建成通车，在一定程度上减缓了我国交通瓶颈的限制，极大地推动了国民经济的快速增长。预计未来的十几年里，全国公路建设还处于大发展的黄金时期，根据《国家高速公路网规划》，到 2030 年，我国公路网总规模要达到 580万千米，新建公路里程将大幅度增加。但应该看到，由于交通量的明显增长，车辆轴载以及重车比例的增大，部分沥青路面发生了不同程度的早期破坏。作为全国公路第一大省的山东省情况也不乐观，据对沥青路面的使用情况调查来看，相当一部分沥青路面在通车时间不长就出现了较多的裂缝、车辙、拥包、表面松散、剥落和坑洞等早期损坏，路面使用性能衰减过快，使用寿命大大缩短，远远达不到设计使用年限，即沥青路面的耐久性严重不足；在个别破坏严重的路段不得不进行修复，造成重大的经济损失和不良的社会影响。

研究表明，在车辆荷载特别是重载和超载车辆的破坏作用下，基层强度呈现不足和衰减过快是造成沥青路面大范围出现早期破坏的主要原因。目前我国高等级公路路面结构主要是以无机结合料稳定粒料（土）类为基层、沥青混凝土为面层的半刚性路面。半刚性沥青路面整体强度较高，抗永久变形和抗行车荷载疲劳破坏能力较强，但是其收缩开裂问题长期以来一直没有得到很好的解决，并且日益突出，已成为沥青路面结构的主要缺陷。有调查表明，沥青路面早期裂缝中50％以上均属于半刚性基层先裂而导致沥青面层开裂的反射裂缝。路面一旦产生裂缝，如果不及时处理，雨水很容易从裂缝进入路面结构层，甚至通过结构层到达和进入土基，这种情况的发生必然带来路面其他类型的早期破坏。因此如何减少路面早期病害，防止路面反射裂缝，提高路面承载能力，大幅度延长路面使用寿命成为目前急需解决的问题。

1.1 研究意义

连续配筋混凝土路面（CRCP）能够克服接缝水泥混凝土路面（JCP）由于横向胀、缩缝的薄弱而引起的各种病害，该种路面纵向配有足够数量的钢筋，以控制混凝土路面板纵向收缩产生的开裂，因此CRCP在施工时完全不设胀、缩缝（施工缝及构造所需的胀缝除外），形成一条完整而平坦的行车表面，改善了汽车行驶的平稳性，同时也增加了路面板的整体强度。连续配筋混凝土基层沥青路面，将连续配筋混凝土板下移，上面铺筑沥青面层。采用该种结构的路面不仅具有 CRCP 的优良特性，而且由于加铺沥青路面，可以进一步改善行车舒适性能。连续配筋混凝土基层沥青路面与传统的半刚性基层沥青路面相比，不仅具有相同的舒适程度，而且在寿命周期内，由于无须补强，这将大幅度提高路面结构的耐久性能。连续配筋混凝土基层沥青路面，养护费用低，具有寿命周期内总费用低的特点。开展此项研究工作，对降低投资成本，改善路面使用状况，提高路面使用寿命具有重大意义。

1.2　连续配筋混凝土基层结构特性

连续配筋混凝土基层在纵横向都配置了大量的钢筋，因此钢筋的特性对路面的整体性能起决定性作用。放置在混凝土结构中钢筋其主要作用是承受拉应力，以弥补混凝土抗拉强度的低下和延性的不足，约束路面板的变形，防止裂缝宽度增大。钢筋不存在干缩的问题，在温度和湿度变化下不会发生像混凝土那么大的体积变形量。钢筋具有很高屈服强度、抗拉强度以及体积变形率低的特性，这就有可能保证基层的连续性。试验证明，有明显屈服台阶的软钢，在其弹性极限范围内长期受力或反复加卸载都不发生徐变或松弛现象。

影响基层受力变形性质的钢筋参数有：纵向钢筋配筋率、钢筋尺寸、纵向钢筋在板内的埋设位置等。野外调查发现，当钢筋配筋率高于某一数值后，横向裂缝间距几乎不再发生变化；而低于1％时，影响显著。配筋率也影响着横向裂缝的宽度。连续配筋混凝土板的大部分应力是由裂缝处纵向钢筋通过应力传递的。这一应力传递取决于纵向钢筋表面积及其体表形状。对于相同的纵向钢筋配筋率，尺寸小的钢筋将具有较高的体表面积，在总量上传递给混凝土更多的应力。纵向钢筋在混凝土路面板内的埋置位置对横向裂缝间距有显著的影响。钢筋网一般布置在板厚的1/3～1/2处，也有采用双层钢筋网布置在板的上部及底部，钢筋的保护层最小厚度为6 cm。如果将纵向钢筋靠近板中性面设置，对板产生明显的约束作用，从而产生更多的横向裂缝。一般认为，钢筋用量大，裂缝间距和宽度就会小，钢筋布置深度小，即靠近板顶面时，裂缝间距和宽度小。同时，钢筋与混凝土的黏结力增大和采用半径较小的钢筋，能使裂缝间距及宽度减小。

钢筋与混凝土的黏结是钢筋与其周围混凝土之间的一种相互作用，通过传递使二者之间的应力及变形协调，是钢筋与混凝土两种材料共同工作的基础。而黏结应力通常就是指钢筋与混凝土接触面上的剪应力。钢筋与混凝土之间的黏结力由三部分组成[3]：第一，混凝土中的水泥凝胶体在钢筋表面产生的化学黏着力或吸附力，其黏结强度取决于水泥的性质和钢筋表面的粗糙程度；第二，混凝土对钢筋的摩阻力，当混凝土的黏结力破坏后发挥作用，其大小取决于混凝土发生收缩或荷载和反力等对钢筋的径向压应力，以及二者间的摩擦系数等；第三，钢筋表面粗糙不平，或变形钢筋凸肋和混凝土之间的机械咬和作用。由于混凝土中钢筋的存在，连续配筋混凝土基层裂缝不会太宽，裂缝一般不能穿过钢筋层而发展成为上下贯穿的通缝，也不会延伸到钢筋表面，结构钢筋不会受到锈蚀，因此使用寿命会延长且使用性能不会改变。另外，由于基层底部的疲劳裂缝很难传递到该层顶部，而且该层的温缩和干缩裂缝也很窄，对于沥青路面，即使不采取防裂措施也不会出现反射裂缝。依据试验路调查及国外使用经验，连续配筋混凝土基层破坏主要形式为钢筋拉断及板边冲断。温度荷载是连续配筋混凝土基层使用前期破坏的主要因素，车辆荷载为其后期破坏的重要因素。

连续配筋混凝土基层沥青路面与传统的半刚性基层沥青路面相比，不仅具有相同舒适程度，而且在寿命周期内，允许对连续配筋混凝土基层进行多次沥青罩面，将大幅度提高结构的耐久性能。连续配筋混凝土基层沥青路面，维修作业时交通干扰小，养护费用少，基层配筋率较 CRCP 低，具有寿命周期内总费用低的特点。

1.3 国内外研究现状

为了提高路面使用寿命，各国道路工作者相继进行了许多研究工作，其中沥青混凝土复合式路面（RCC＋AC）以及连续配筋混凝土路面（CRCP）为不同研究的方向。

1985 年，西班牙某高速公路拓宽车道的施工中，采用在基层为 15 cm 厚的水泥稳定基层上铺筑 23 cm 厚的 RCC 层，RCC 层板加铺 5 cm 的热拌沥青混合料。1989 年澳大利亚 Penith 地区成功地在水泥稳定基层上修筑了 RCC－AC 复合式路面。1988 年日本在某停车场对 RCC 作为沥青混凝土下层的适应性进行了研究，并将这种路面结构形式写入 1990 年 6 月出版的《碾压混凝土路面技术指南（草案）》中。"八五"期间，由原西安公路交通大学承担的研究课题，对 RCC－AC 复合式路面从设计理论、设计方法与参数选用到施工技术进行了深入研究，并编写 RCC－AC 复合式路面设计施工须知，用于指导生产实践。

对于连续配筋混凝土路面的研究，国外进行得较早。美国于 1921 年最先使用 CRCP。第二次世界大战后，在伊利诺斯、得克萨斯、加利福尼亚、马里兰、新泽西等州修了 CRCP 路面，经多年使用性能良好。在美国修建高速公路时（州际与国防公路系统）大量采用了 CRCP 路面。按折合成双车道计，到 1980 年美国已建成的 CRCP 路面达 2.26 万千米。比利时最早的 CRCP 路面是 20 世纪 50 年代修建的，大量修筑 CRCP 是在 70 年代以后。在 1970～1990 年，比利时大约修建了 1 800 m^2 的 CRCP，其中包括旧混凝土路面，沥青路面上的加铺层 350 万平方米。我国在 1989 年 9 月在江苏省盐城市东郊一级公路上修筑了第一条 CRCP 试验路，长 500 m，宽 7 m，厚 20 cm 的 CRCP 试验路，用以长期观测，具体研究其各方面的性能。1997 年，由原西安公路交通大学承担了国家自然科学基金资助项目，开展连续配筋混凝土路面设计理论与方法研究。

随着公路科技的发展，连续配筋混凝土基层沥青路面逐渐成为新的研究课题。英国为了解决维修干扰问题，于 1932 年最早引入连续配筋混凝土基层。19 世纪 40～50 年代用于一些城区道路上，1957 年在伦敦和丹地附近铺筑了试验路，1985 年铺筑了长达 8 km（双车道）的路面。日本道路公团（JH）长期致力于长寿命化路面的研究，对连续配筋混凝土基层系统研究较早，自 1990 年起，先后在山阳汽车专用道、第二东名·名神高速公路、伊势湾岸汽车专用道等铺筑了连续配筋混凝土基层沥青路面。西泽辰男等采用 Winkler 地基上的薄板有限元法和复合平板理论建立解析模型，并进行疲劳计算，研究了连续配筋混凝土基层设计方法。高桥修二等通过实测数据对连续配筋混凝土基层沥青路面的温度分布规律进行了探索。

在我国，连续配筋混凝土基层尚处于研究阶段。2003 年，叶丹采用有限元方法，用等参八结点四边形单元作为分析的基本有限元单元，用组合单元的方法模拟钢筋的纵向加劲作用，建立了分层式模型分析连续配筋水泥混凝土板（CRCP）的受力特性，并利用断裂力学理论计算分析 CRCP 层底裂缝和 HMA 层底反射裂缝的应力强度因子的发展情况。长安大学与山东省公路局合作，于 2003 年开始全面开展连续配筋混凝土基层设计与铺筑技术的研究工作，并先后于 2004 年和 2005 年铺筑了试验路段。

1.4 研究内容

对于连续配筋混凝土基层结构设计方法主要开展以下研究：

第一，结合连续配筋混凝土基层沥青路面的承载特性以及可能产生破坏原因，应用有限元法建立计算模型，分析层底应力，确定临界荷位。

第二，对地基模量 E、沥青层厚度、连续配筋混凝土厚度、基层配筋率、配筋位置等参数进行影响分析，寻找影响层底应力的主要因素。

第三，依据试验路段的温度观测数据，分析连续配筋混凝土基层沥青路面内部的温度变化规律，建立温度分析模型，利用解析法，确定温度荷载作用下的最不利位置，进行干缩应力、翘曲应力、温缩应力分析。

第四，结合国内外使用经验，分析基层破坏原因及形式，开展结构设计方法研究，探寻基层低配筋的理论依据。

第五，总结试验路现场铺筑经验，摸索连续配筋混凝土基层施工技术。

2

连续配筋混凝土基层荷载应力分析

　　连续配筋混凝土基层，主要用于重载交通高等级公路沥青路面。在结构上，充分利用水泥混凝土的高抗压能力，在行车荷载作用下，连续配筋混凝土板为主要的承重层。本章为了研究连续配筋混凝土基层的设计方法，首先要对该种结构由行车荷载所产生的荷载应力进行科学分析，以探寻连续配筋混凝土基层的最不利荷位及各设计参数对应力分布的影响规律。

2.1　连续配筋混凝土基层计算模型与参数

2.1.1　计算模型

连续配筋混凝土基层在工作环境下，因混凝土硬化产生的干缩和降温产生的温缩受到外部阻力，在其内部会产生横向细小裂缝（图2-1），以至于长期处于在带缝工作状态。对于连续配筋混凝土面层，其缝宽一般为 0.58～1.2 mm。连续配筋混凝土基层相对于面层来讲，结构层下移，受环境影响较小，对其缝宽要求理论上可适当放宽。因此，为了计算分析方便，缝宽取 1.0 mm。

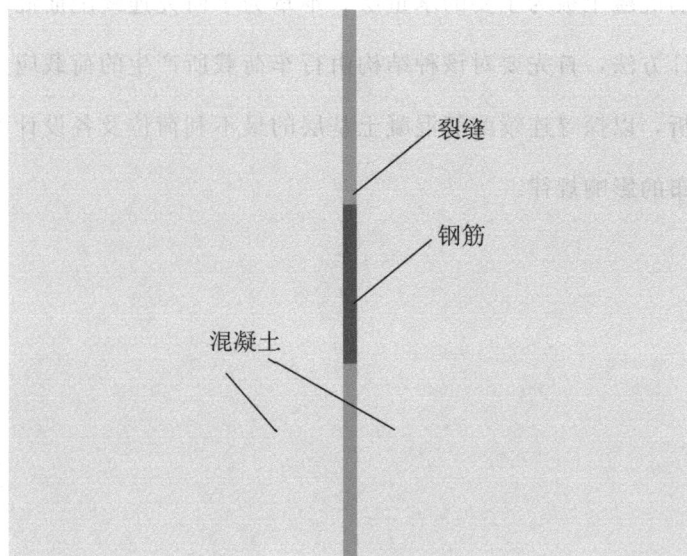

图 2-1　裂缝

为了简化模型，采用扩大基础模拟，边界条件为：基础底面完全约束，侧面自由；连续配筋混凝土基层以及面层沿路线方向的侧面自由，垂直于路线方向的侧面完全约束。研究并做如下假设：

① 各结构层为各向同性的弹性体，水平、竖向位移连续；

② 不计自重影响；

③ 裂缝一旦形成，便假定其完全贯通，在裂缝处混凝土不承受拉应力；

④ 混凝土与钢筋完全黏结，无相对滑移；

⑤ 裂缝分布均匀且形状规则。

为了便于考虑混凝土与钢筋的相对滑移，并反映钢筋的实际工作情况，本研究建立了分离式模型，采用八节点各向同性单元模拟水泥混凝土，运用空间塑性管单元模拟钢筋作用。采用先点线生体后划分单元的建模方式，以方便控制分析精度，其中钢筋的布置如图 2-2 所示。

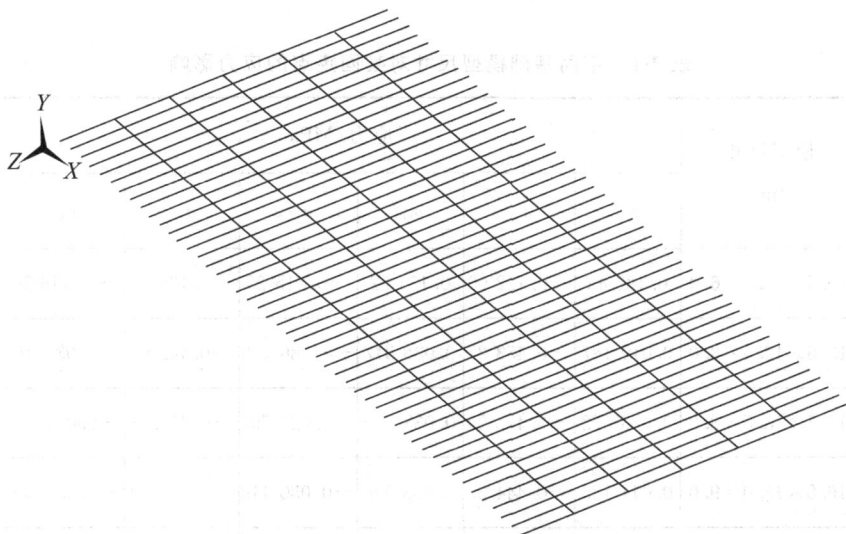

图 2-2 钢筋布置

2.1.2　计算参数

为了确定基础模型尺寸，对在一定参数下，不同基础模型尺寸对某固定点的应力的影响情况进行了分析，结果见表 2-1。可看出，随着模型尺寸的增大，尺寸对应力的影响减小，应力值趋于稳定，计算结果逐渐收敛。考虑到精度要求，最后取扩大基础尺寸为（16.5×15.0×9.0)m³。沥青混凝土面层尺寸参数取为（10.5×7.5×0.09)m³，连续配筋混凝土基层尺寸参数取为（10.5×7.5×0.25)m³，计算模型如图 2-3 所示。为满足计算精度的要求，模型对连续配筋混凝土基层、加载处以及基础深度 2m 的范围进行网格细化。网格单边尺寸，不小于 5 cm，该模型划分为约 1.48 万个单元，共约 1.35 万个节点。

表 2-1　不同基础模型尺寸对某固定点的应力影响

模型尺寸 /m³	应力/MPa					
	σ_{x1}	σ_{y1}	σ_{z1}	σ_{x2}	σ_{y2}	σ_{z2}
10.5×10.5×6.0	0.182 46	−0.122 00	0.134 82	−0.215 25	−0.139 07	−0.146 50
13.5×12.5×8.0	0.019 187	−0.453 27	0.038 317	−0.086 779	−0.462 16	−0.033 017
13.5×13.5×8.0	0.038 572	−0.423 95	0.038 040	−0.026 797	−0.43 278	−0.031 231
16.5×15.0×9.0	0.041 183	−0.444 35	0.038 098	−0.030 418	−0.453 32	−0.031 886
18.5×17.0×9.0	0.041 499	−0.447 75	0.038 325	−0.030 775	−0.456 81	−0.032 214

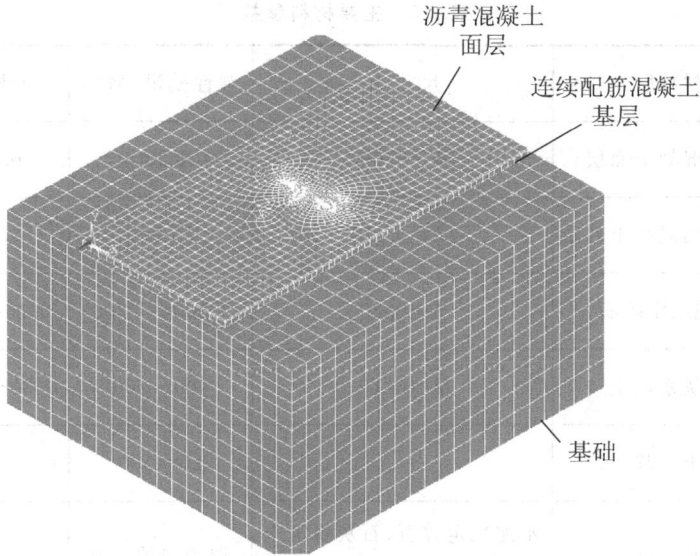

图 2-3 道路结构有限元计算模型

其他主要参数为：行车荷载采用标准轴载 BZZ—100，轮胎内压 0.7 MPa，采用双圆均布荷载加压，直径 21.3 cm，双轮间距 32 cm，两侧轮隙间距 182 cm，其轮载作用如图 2-4 所示。连续配筋混凝土基层所用主要材料参数见表 2-2。

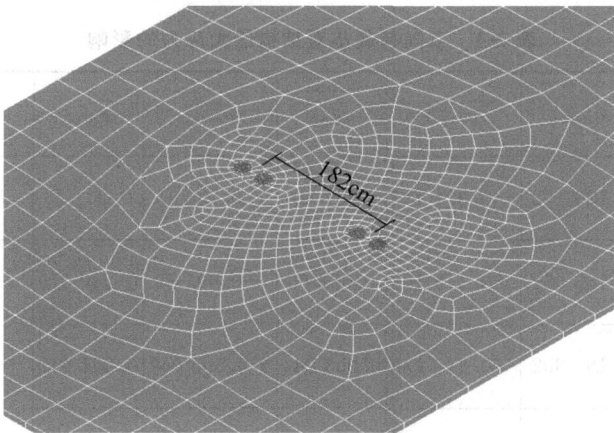

图 2-4 轮载作用

表 2-2　主要材料参数

材料层	尺寸/m	弹性模量/MPa	泊松比
沥青混凝土面层	$h=0.09$	1 200	0.25
连续配筋混凝土基层	$h=0.25$	30 000	0.15
水泥稳定碎石	$h=0.20$	1 300~1 700	0.15~0.3
石灰稳定土	$h=0.15$	400~700	0.30~0.50
土 基		20~500	
基 础	水泥稳定碎石、石灰稳定土以及土基视为基础	取当量值 350	0.30
钢 筋		200 000	0.30

合理的荷载步，可以使在足够精度的条件下加速收敛时间。为了寻求合理的荷载步，在其他参数不变的情况下，选取 1，10，20，50 荷载步分别进行计算，结果见表 2-3。

表 2-3　不同荷载步对结构最大应力的影响　　　　　　　　　　MPa

荷载步	$\sigma_{x\max}$	$\sigma_{x\min}$	$\sigma_{y\max}$	$\sigma_{y\min}$	$\sigma_{z\max}$	$\sigma_{z\min}$
1	0.126 152	−0.334 132	0.054 807	−0.720 15	0.202 35	−0.321 050 5
10	0.182 352	−0.413 108	0.052 65	−0.693 75	0.249 679	−0.414 843
20	0.183 302	−0.414 139	0.053 044	−0.695 067	0.251 912	−0.416 168
50	0.183 754	−0.414 739	0.053 263	−0.695 851	0.253 241	−0.416 254

续　表

荷载步	$\sigma_{x\max}$	$\sigma_{x\min}$	$\sigma_{y\max}$	$\sigma_{y\min}$	$\sigma_{z\max}$	$\sigma_{z\min}$
20 步与 10 步相对误差	0.005 196	0.002 493	0.007 455	0.001 897	0.008 904	0.003 189
50 步与 20 步相对误差	0.002 463	0.001 448	0.004 12	0.001 127	0.005 262	0.000 207

同荷载步一样，使用严格的收敛准则将提高计算结果的精度，但以多更次的平衡叠代为代价。依据缺省，程序将以 VALUE（均值）·TOLER（误差）的值对力（或者力矩）进行收敛检查。VALUE 的缺省值是在所加载荷（或所加位移，牛顿—拉普森回复力）的 SRSS（全部变量的平方和开平方），和 MINREF（允许最小值，其缺省为 1.0）中，取值较大者。TOLER 的缺省值是 0.001。通过调整 TOLER，可以改变收敛准则，使得其满足研究需要。为了寻找合理的误差，在 20 荷载步，其他参数相同的条件下，取误差值 0.1、0.01、缺省，进行分析，由表 2-4 可知，VALUE 的误差可取 0.1。

表 2-4　不同 TOLER 值对结构最大应力的影响　　　MPa

TOLER	$\sigma_{x\max}$	$\sigma_{x\min}$	$\sigma_{y\max}$	$\sigma_{y\min}$	$\sigma_{z\max}$	$\sigma_{z\min}$
0.1	0.183 302	−0.414 139	0.053 044	−0.695 067	0.251 912	−0.416 168
0.01	0.184 133	−0.414 984	0.053 39	−0.696 248	0.253 866	−0.416 428
0.001	0.184 133	−0.414 984	0.053 39	−0.696 248	0.253 866	−0.416 428
相对误差	0.004 523	0.002 038	0.006 502	0.001 698	0.007 727	0.000 625

2.2　临界荷位的确定

荷载的不同作用位置，对基层会产生不同的作用效果。连续配筋混凝土基层，在温度荷载作用下将产生不同程度的横向裂缝。在横向裂缝处，由于钢筋的纵向连接，基层的整体性能依然较强。所以，分析时将连续配筋混凝土基层按照多板系统计算，则影响临界荷位的主要因素为横向裂缝的间距。分析时，将间距 S 取为 0.5 m，1.0 m，1.5 m，2.0 m，2.5 m，3.0 m 进行计算。依据经验，连续配筋混凝土基层的临界荷位可能位于板中（荷位 1）、缝边（荷位 2）或骑缝（荷位 3）处，计算时将重点分析以上三处荷位，如图 2-5 所示。该图中，X 为外侧轮载圆心距板外边缘的距离。

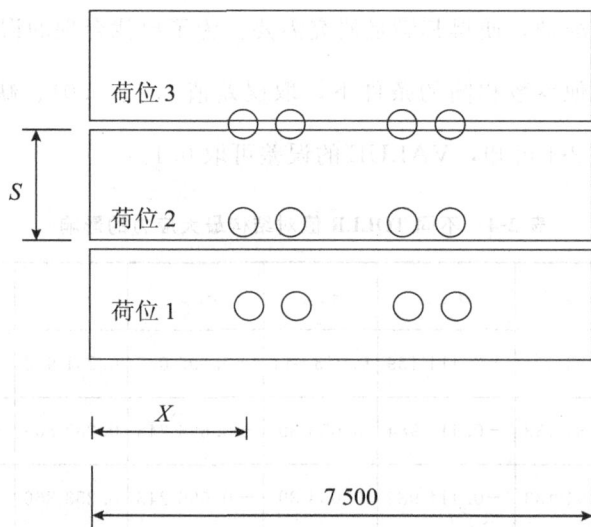

图 2-5　荷位

2.2.1　轮载分析

计算参数：板宽 7.5 m，沥青面层厚度 $h_1 = 9$ cm，基层厚度 $h_2 = 25$ cm，面层模量 $E_1 = 1\,200$ MPa，基层模量 $E_2 = 30\,000$ MPa，地基模量 $E_3 = 350$ MPa，面层泊松比 $\mu_1 = 0.25$，基层泊松比 $\mu_2 = 0.15$，地基泊松比 $\mu_3 = 0.3$，钢筋模量 $E_s = 2 \times 10^5$ MPa，钢筋泊松比 $\mu_s = 0.3$，钢筋配筋率 0.4%，钢筋直径 $d_s = 14$ mm，钢筋放置距板顶 1/2 处，裂缝间距 S 假设为 0.5 m，缝宽 1 mm，外侧轮载圆心距板外边缘 X 为 160 mm（边缘），1 000 mm，1 840 mm，2 680 mm（正中），荷载 $P = 0.7$ MPa。计算结果见表 2-5、表 2-6 和表 2-7。

表 2-5　荷载作用在板中时板内应力计算结果　　　　　　　MPa

荷位	x /mm	$\sigma_{x\max}$	$\sigma_{x\min}$	$\sigma_{y\max}$	$\sigma_{y\min}$	$\sigma_{z\max}$	$\sigma_{z\min}$
荷位 1 板中	2 680	0.536 4	−0.528 166	0.022 232	−0.143 506	0.207 9	0.207 415
	1 840	0.566 057	−0.575 709	0.038 214	−0.155 355	0.192 476	−0.200 914
	1 000	0.583 427	−0.558 4	0.043 009	−0.155 425 9	0.200 93	−0.203 272
	160	0.559 989	−0.561 95	0.035 357	−0.628 708	0.403 564	−0.375 784

表 2-6   荷载作用在缝边时板内应力计算结果   MPa

荷位	x/mm	$\sigma_{x\,max}$	$\sigma_{x\,min}$	$\sigma_{y\,max}$	$\sigma_{y\,min}$	σ_{zmax}	$\sigma_{z\,min}$
荷位2 缝边	2 680	0.500 27	−0.553 244	0.037 384	−0.364 125	0.131 746	−0.129 005
	1 840	0.522 419	−0.574 632	0.065 06	−0.337 441	0.119 727	−0.120 523
	1 000	0.562 681	−0.589 6	0.101 513	−0.337 758	0.132 224	−0.134 501
	160	0.544 575	−0.550 487	0.050 67	−0.731 513	0.332 947	−0.299 857

表 2-7   荷载作用在相邻裂缝中部（骑缝）时板内应力计算结果   MPa

荷位	x/mm	$\sigma_{x\,max}$	$\sigma_{x\,min}$	σ_{ymax}	$\sigma_{y\,min}$	σ_{zmax}	$\sigma_{z\,min}$
荷位3 骑缝	2 680	0.404 408	−0.481 218	0.072 388	−0.403 93	0.051 644	−0.054 794
	1 840	0.433 696	−0.504 073	0.076 882	−0.382 735	0.056 335	−0.050 317
	1 000	0.448 598	−0.492 725	0.093 982	−0.385 485	0.052 356	−0.049 572
	160	0.433 041	−0.455 706	0.111 707	−0.729 637	0.191 059	−0.180 499

由表 2-5～表 2-7 可知，基层最大拉应力为 σ_{xmax}。比较三处荷位的 σ_{xmax} 可以得出：

① 相同 X 时，板中＞缝边＞骑缝；

② 同荷位下，σ_{xmax} 分布规律基本一致，拉应力随着荷载向板边缘移动逐步增大，靠近板边时应力值降低；

③ 当 $S=0.5$ m 时，基层临界荷位为板中的概率最大，其次为缝边。

为了寻找确切的临界荷位，对板中荷位进行重点分析，结果见表 2-8 及图 2-6。

表 2-8   荷载作用在板中时板内应力计算结果   MPa

荷位	x /mm	$\sigma_{x\max}$	$\sigma_{x\min}$	$\sigma_{y\max}$	$\sigma_{y\min}$	$\sigma_{z\max}$	$\sigma_{z\min}$
	2 680	0.536 4	−0.528 166	0.022 232	−0.143 506	0.207 9	0.207 415
	1 840	0.566 057	−0.575 709	0.038 214	−0.155 355	0.192 476	−0.200 914
	1 420	0.578 084	−0.576 998	0.051 465	−0.134 529	0.201 128	−0.203 656
	1 000	0.583 427	−0.558 4	0.043 009	−0.155 425 9	0.200 93	−0.203 272
荷位 1 板中	840	0.614 534	−0.606 51	0.028 865	−0.156 47	0.210 426	−0.210 273
	790	0.630 005	−0.615 513	0.029 93	−0.195 325	0.211 924	−0.212 509
	740	0.611 22	−0.597 151	0.029 376	−0.180 796	0.211 182	−0.211 061
	580	0.616 186	−0.614 816	0.026 421	−0.177 878	0.204 274	−0.202 845
	160	0.559 989	−0.561 95	0.035 357	−0.628 708	0.403 564	−0.375 784

由表 2-8 可知，当荷载作用在板中时，$X=580\sim840$ mm 拉应力 $\sigma_{x\max}$ 达到峰值。当荷载作用在板边时，$X=790$ mm 对应 $\sigma_{x\max}=0.587\,481$ MPa，$X=580$ mm 对应 $\sigma_{x\max}=0.566\,523$ MPa，均小于相同距离下的板中应力值。

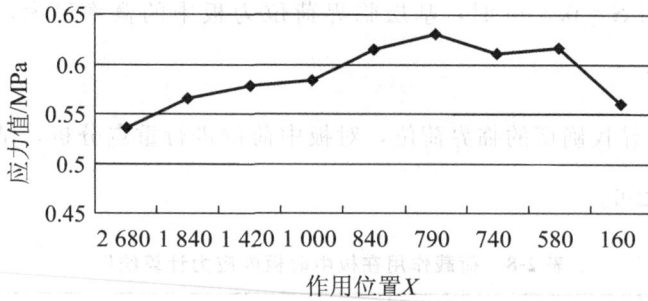

图 2-6 荷载作用在板中时板内应力随作用位置变化

从表 2-9 中可知，荷载作用在板中时板内最大主应力 σ_{1max} 的分布规律与板内应力 σ_{xmax} 一致，且 $\sigma_{1max} \approx \sigma_{xmax}$。所以当 $S = 0.5$ m 时，基层临界荷位为板中，且位于 $X = 580 \sim 840$ mm 处。

表 2-9 荷载作用在板中时板内主应力计算结果 MPa

荷位	x /mm	σ_{1max}	$\sigma_{1\,min}$	σ_{2max}	$\sigma_{2\,min}$	σ_{3max}	$\sigma_{3\,min}$
	2 680	0.538 471	−0.108 462	0.212 788	−0.220 325	0.000 946	−0.533 253
	1 840	0.566 596	−0.111 273	0.195 041	−0.218 86	0.008 268	−0.576 852
	1 420	0.578 618	−0.112 473	0.205 291	−0.219 39	0.007 061	−0.577 953
	1 000	0.593 631	−0.111 398	0.204 775	−0.218 998	0.008 186	−0.585 859
荷位 1 板中	840	0.615 215	−0.106 199	0.215 242	−0.222 601	0.003 386	−0.607 223
	790	0.630 199	−0.114 235	0.216 479	−0.228 603	0.009 557	−0.615 697
	740	0.611 761	−0.114 913	0.215 556	−0.225 375	0.011 682	−0.598 055
	580	0.617 266	−0.105 463	0.209 399	−0.224 739	0.013 031	−0.616 541
	160	0.560 248	−0.214 107	0.240 885	−0.339 438	0.000 808	−0.671 023

2.2.2 裂缝间距对基层临界荷位的影响

不同裂缝间距对基层板内应力及主应力会产生较大差异。研究中将裂缝间距 S 分别取值 0.5 m，1.0 m，1.5 m，2.0 m，2.5 m，3.0 m进行分析。由于水泥混凝土具有较强的抗压性能，在标准荷载作用下，取以上不同裂缝间距，在连续配筋混凝土基层中产生的压应力变化范围为 0.011 92～0.766 286 MPa，该值远远小于一般水泥混凝土的抗压强度。此外，拉应力分量 σ_{ymax} 及第二主应力 σ_{2max}、第三主应力 σ_{3max} 计算值较小且变化范围不大，所以本节重点研究基层板内拉应力 σ_{xmax}，σ_{zmax} 及第一主应力 σ_{1max} 的变化规律。

① 不同裂缝间距下，荷位 1（板中）时，板内应力变化及规律，如图 2-7、图 2-8 和图 2-9 所示。

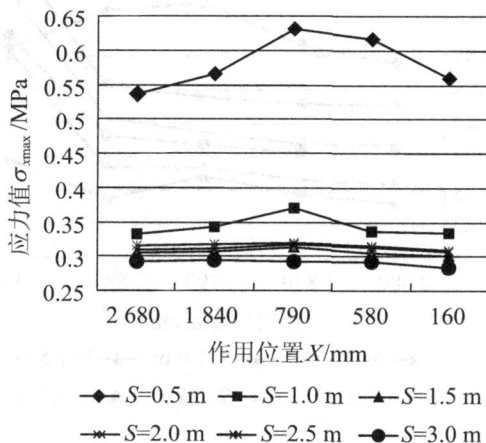

图 2-7　板中时应力 σ_{xmax} 随作用位置变化

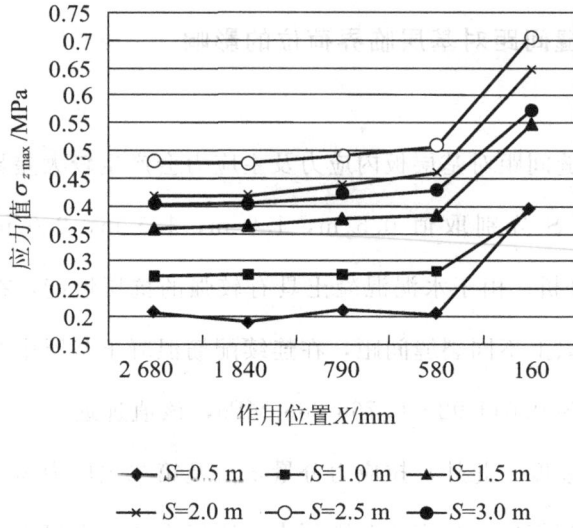

图 2-8 板中时应力 $\sigma_{z\,max}$ 随作用位置变化

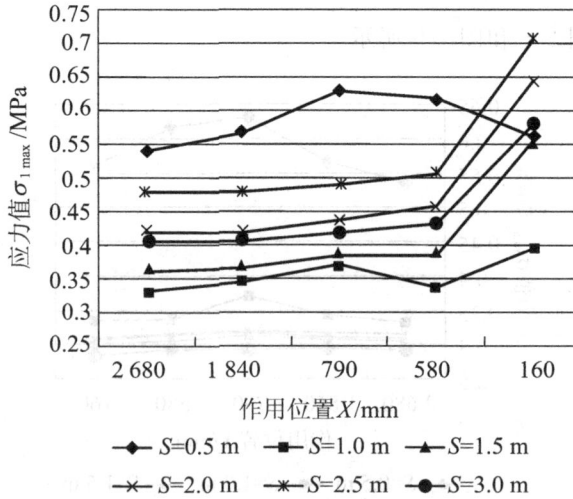

图 2-9 板中时应力 σ_{1max} 随作用位置变化

A. 由图 2-7 可知，拉应力 $\sigma_{x\max}$：

a. 在不同的裂缝间距 S 下，随着 S 的不断增大，拉应力 $\sigma_{x\max}$ 随作用位置的变化幅度趋于平缓，但变化曲线基本一致；

b. 同一裂缝间距下，应力峰值均出现在 $X=790$ mm 附近；

c. 相同作用位置时，当 $S<1.5$ m 时，应力值减小较快；当 $S>1.5$ m 时，应力值偶有起伏，但变化幅度不大，总体趋于减小。

B. 由图 2-8 可知，拉应力 $\sigma_{z\max}$：

a. 不同裂缝间距下，拉应力 $\sigma_{z\max}$ 随作用位置的变化曲线基本一致；相同裂缝间距下，随着作用位置 X 向边缘移动，应力值趋于增大，当 $X=580\sim2\ 680$ mm 时，应力值变化幅度较小，当 $X<580$ mm 时应力值急剧增大；

b. 同一裂缝间距下，应力峰值均出现在纵向边缘，即 $X\leqslant160$ mm 处，应力最小值均出现在板正中，即 $X=2\ 680$ mm 处；

c. 对于相同的作用位置，$S<2.5$ m 时，应力值随着裂缝间距的增加而增大，$S>2.5$ m，应力值有减小趋势（$S=4.0$ m，最大 $\sigma_{z\max}=0.583\ 463$ MPa）。

C. 由图 2-9 可知，第一主应力 $\sigma_{1\max}$：

a. 当裂缝间距 $S<1.0$ m 时，随着作用位置由正中向边缘移动，应力值逐渐增大，在 $X=790$ mm 附近达到峰值后，数值有所减小；当 $S\geqslant1.0$ m 时，随着作用位置由正中向边缘移动，应力值逐渐增大，在 $X=160$ mm 即板边缘，达到峰值；

b. 同一裂缝间距下，应力最小值均出现在板正中，即 $X=2\ 680$ mm 处；

c. 对于相同的作用位置，当 $X \geqslant 580$ mm 时，应力值随着裂缝间距 S 的增加急剧减小，到 $S \geqslant 1.0$ m 时，应力值变化出现波动，总体成增大趋势。公式如下：

$$\sigma_{1max}^{1.0\,m} < \sigma_{1max}^{1.5\,m} < \sigma_{1max}^{2.0\,m} < \sigma_{1max}^{2.5\,m} ;$$

$$\sigma_{1max}^{2.5\,m} \ \sigma_{1max}^{4.0\,m} = 0.583\ 26\ \text{MPa} > \sigma_{1max}^{3.0\,m}$$

D. 比较图 2-7 至图 2-9 可知：

在相同的作用位置，同一裂缝间距下：

a. 当 $S < 1.0$ m 时，$\sigma_{1max} \approx \sigma_{xmax}$；

b. 当 $S = 1.0$ m 时：$X \geqslant 580$ mm，$\sigma_{1max} \approx \sigma_{xmax}$；$X < 580$ mm，$\sigma_{1max} \approx \sigma_{zmax}$；

c. 当 $S > 1.0$ m 时，$\sigma_{1max} \approx \sigma_{zmax}$。

荷位 1（板中）时，在 $X = 160$ mm～790 mm 的作用范围，基层板内拉应力 σ_{xmax}、σ_{zmax} 及第一主应力 σ_{1max} 均出现峰值。

② 不同裂缝间距下，荷位 2（缝边）及荷位 3（骑缝）时，板内应力变及规律与分析荷位 1 的方法相同，分别取 6 个不同裂缝间距 S，5 个不同作用位置 X，对荷位 2（缝边）及荷位 3（骑缝）进行了分析。发现，在 $X = 160$ mm、$X = 790$ mm、$X = 2\ 680$ mm 处，对应力值具有特殊意义，这与荷位 1 时一致，所以以下对该三处作用位置进行重点分析，见表 2-10 和表 2-11。

表 2-10　荷载作用在板边时板内应力计算结果　　　　MPa

裂缝间距 S /m	作用位置 X/mm								
	$X=160$			$X=790$			$X=2\,680$		
	$\sigma_{x\max}$	$\sigma_{z\max}$	$\sigma_{1\max}$	$\sigma_{x\max}$	$\sigma_{z\max}$	$\sigma_{1\max}$	$\sigma_{x\max}$	$\sigma_{z\max}$	$\sigma_{1\max}$
$S=0.5$	0.544 575	0.332 947	0.546 322	0.562 681	0.132 224	0.592 006	0.500 27	0.131 746	0.534 32
$S=1.0$	0.438 235	0.237 106	0.451 908	0.450 427	0.131 862	0.496 75	0.435 63	0.136 773	0.436 468
$S=1.5$	0.429 62	0.403 856	0.433 256	0.438 863	0.215 097	0.481 437	0.435 282	0.214 953	0.435 961
$S=2.0$	0.419 090	0.447 356	0.456 322	0.430 179	0.249 274	0.470 63	0.429 211	0.245 171	0.429 744
$S=2.5$	0.421 300	0.440 442	0.452 632	0.429 687	0.252 529	0.469 79	0.433 029	0.250 669	0.433 594
$S=3.0$	0.422 357	0.436 144	0.450 57	0.430 506	0.257 143	0.470 611	0.435 047	0.249 827	0.435 583

表 2-11　荷载骑缝时板内应力计算结果　　　　MPa

裂缝间距 S /m	作用位置 X/mm								
	$X=160$			$X=790$			$X=2680$		
	$\sigma_{x\max}$	$\sigma_{z\max}$	$\sigma_{1\max}$	$\sigma_{x\max}$	$\sigma_{z\max}$	$\sigma_{1\max}$	$\sigma_{x\max}$	$\sigma_{z\max}$	$\sigma_{1\max}$
$S=0.5$	0.544 575	0.332 947	0.544 575	0.562 681	0.132 224	0.562 681	0.404 408	0.051 644	0.500 27
$S=1.0$	0.272 879	0.241 32	0.314 665	0.302 834	0.154 183	0.320 382	0.264 976	0.148 061	0.293 264
$S=1.5$	0.262 582	0.321 42	0.324 726	0.284 052	0.196 704	0.309 445	0.267 215	0.184 312	0.283 89
$S=2.0$	0.259 229	0.338 969	0.342 591	0.278 822	0.214 027	0.305 555	0.269 558	0.199 728	0.282 439
$S=2.5$	0.258 193	0.341 767	0.345 1	0.276 535	0.218 699	0.304 566	0.270 562	0.203 736	0.281 481
$S=3.0$	0.256 204	0.358 345	0.364 006	0.279 109	0.228 933	0.303 501	0.270 111	0.214 819	0.283 232

对比表 2-10 和表 2-11，可知荷位 2（缝边）及荷位 3（骑缝）时，板内应力变化规律基本相同：

A. 不同裂缝间距 S 下，当 $X \geqslant 790$ mm 时，$\sigma_{xmax} \approx \sigma_{1max}$，且随着 X 边缘由向正中移动，其相对差值逐渐减小，几近相等；

B. 当 $X < 790$ mm 时，σ_{zmax} 开始增大，并且随着 S 增加而增大，当 $S > 1.5$ m 时，σ_{zmax} 成为控制应力，$\sigma_{zmax} \approx \sigma_{1max}$。

C. 不同裂缝间距 S 下，$X = 790$ mm 时，σ_{xmax} 与 σ_{1max} 均出现峰值。

D. 在相同的作用位置 X 时，随着裂缝间距的不断增加，σ_{xmax} 与 σ_{1max} 均逐渐减小，但 σ_{zmax} 却逐渐增加，当 $S > 2.0$ m 后各应力均趋于稳定。

2.2.3 临界荷位的确定

选择连续配筋混凝土基层的临界荷位，取决于最大主应力 σ_{1max}，在板内能够产生最大主应力 σ_{1max} 的荷位即为临界荷位。现将不同裂缝间距下，三种荷位作用时，各产生的最大主应力 σ_{1max} 汇总见表2-12。

表 2-12　最大主应力 σ_{1max} 汇总

裂缝间距 S/m	σ_{1max}/MPa	作用位置 X/mm	荷　位
$S = 0.5$	0.630 199	790	板　中
$S = 1.0$	0.496 75	790	缝　边

续　表

裂缝间距 S/m	σ_{1max}/MPa	作用位置 X/mm	荷　位
S＝1.5	0.553 958	160	板　中
S＝2.0	0.645 355	160	板　中
S＝2.5	0.705 34	160	板　中
S＝3.0	0.578 387	160	板　中

由表 2-12 可见，板中或缝边作用时，距纵向自由边缘 0～700 mm 的范围可能为临界荷位。进一步分析，重点考虑不同裂缝间距下，板中和缝边作用时，作用位置 X＝160 mm，790 mm 的主应力 σ_{1max} 的变化规律。

由图 2-10 临界荷位变化图可以确定：

① 当裂缝间距 $S \geqslant 1.5$ m 时，荷载作用板中纵向边缘附近，即纵向边缘中部为临界荷位。此时，由图 2-8、图 2-9 可知，$\sigma_{1max} \approx \sigma_{zmax}$，$\sigma_{zmax}$ 成为控制应力。

② 当裂缝间距 1.0 m $\leqslant S < 1.5$ m 时，荷载作用缝边距纵向边缘 0.7 m 附近为临界荷位。此时，$\sigma_{1max} \approx \sigma_{xmax}$，$\sigma_{xmax}$ 成为控制应力，见表 2-10。

③ 当裂缝间距 $S < 1.0$ m 时，荷载作用在纵向边缘中部或缝边距纵向边缘 0.7 m 附近都有可能成为临界荷位，应分别计算，以较大值对应的荷位作为临界荷位。

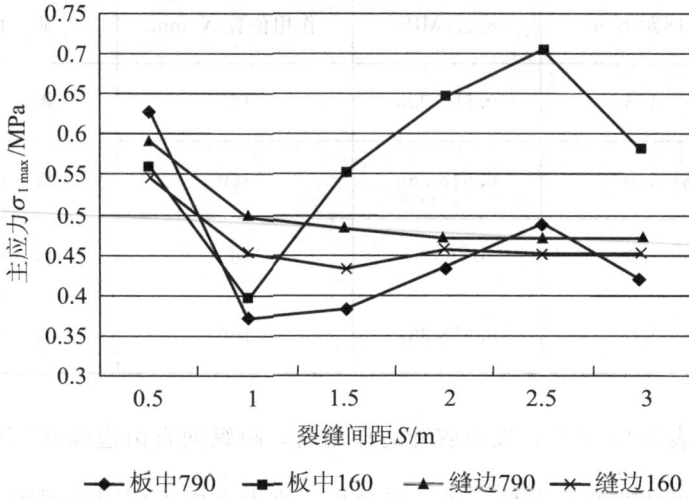

图 2-10   临界荷位变化

2.3   参数影响分析

2.3.1   层间接触条件对荷载应力的影响

层间接触条件反映弹性层状体系内各层之间的结合状态。连续配筋混凝土基层沥青路面，各结构层间的接触并非完全连续，也并非绝对光滑，实际路面状态一般介于二者之间的半接触状态。当层间为半接触状态时，分析中引入摩擦系数 K。为了简化模型，假定连续配筋混凝土基层的摩擦系数 $K_2 = 0$。当面层摩擦系数 $K_1 \to 0$ 时，认为该层间完全光滑，当面层摩擦系数 $K_1 \to \infty$ 时，认为该层间完全连续。同理，地基摩擦系数 K_3 由 $0 \to \infty$ 时，认为该层间由完全光滑向完全连续过渡。

为了研究层间接触条件对荷载应力的影响，采用计算参数如下：

板宽 7.5 m，沥青面层厚度 $h_1 = 9$ cm，基层厚度 $h_2 = 25$ cm，其他材料参数可见表 2-2，钢筋配筋率 0.4%，钢筋直径 $\phi 14$ mm，钢筋放置距板顶 1/2 处，裂缝间距 $S = 2.5$ m，缝宽 1 mm，荷载 $P = 0.7$ MPa，作用在纵向边缘中部，地基摩擦系数 $K_3 = 1$，面层摩擦系数 K_1 由 $0 \to \infty$ 变化，计算结果见表 2-13。

表 2-13　板内应力随面层摩擦系数 K_1 变化　　　　　　MPa

K_1	$\sigma_{x\max}$	$\sigma_{z\max}$	$\sigma_{1\max}$	K_1	$\sigma_{x\max}$	$\sigma_{z\max}$	$\sigma_{1\max}$
10 000	0.277 34	0.571 164	0.571 164	0.01	0.309 006	0.707 302	0.707 302
100	0.284 077	0.621 351	0.621 351	0.001	0.309 046	0.707 377	0.707 377
10	0.288 077	0.640 829	0.640 829	0.000 1	0.309 07	0.707 508	0.707 508
2	0.298 952	0.679 684	0.679 684	0.1E-5	0.309 067	0.707 54	0.707 54
1	0.302 686	0.690 818	0.690 818	0.1E-10	0.309 061	0.707 535	0.707 535
0.1	0.308 261	0.705 34	0.705 34	0	0.309 061	0.707 535	0.707 535

由表 2-13 可知，板内应力随面层摩擦系数 K_1 由 10 000 变化至 0，$\sigma_{x\max}$ 由 0.277 34 MPa 逐渐增加到 0.309 061 MPa，$\sigma_{1\max}$ 及 $\sigma_{z\max}$ 由 0.571 164 MPa 增加到 0.707 535 MPa 且增加量约为 24%。可见，面层与基层的层间接触条件对荷载应力的影响较大，层间完全光滑最为不利。

同理，改变基层与地基间的层间接触条件，地基摩擦系数 K_3 取 0→∞，面层摩擦系数 $K_1=0$，其他参数不变，计算结果见表 2-14。同样可见，层间趋于完全光滑最为不利，K_3 由 10 000 降至 0.001 时，$\sigma_{1\max}$ 及 $\sigma_{z\max}$ 增加量约为 9%，基层与地基的层间接触条件对荷载应力的影响同样较大，但其影响小于面层与基层的层间接触条件。

表 2-14　板内应力随地基摩擦系数 K_3 变化　　　　MPa

K_3	$\sigma_{x\max}$	$\sigma_{z\max}$	$\sigma_{1\max}$	K_3	$\sigma_{x\max}$	$\sigma_{z\max}$	$\sigma_{1\max}$
10 000	0.272 057	0.651 638	0.651 64	0.01	0.310 387	0.708 972	0.708 972
100	0.285 413	0.673 459	0.673 458	0.001	0.310 396	0.709 041	0.709 041
10	0.299 326	0.693 205	0.693 205	0.000 1			
2	0.307 59	0.705 582	0.705 582	0.1E-5	不收敛		
1	0.309 061	0.707 535	0.707 535	0.1E-10			
0.1	0.310 288	0.708 905	0.708 905	0			

当 $K_3 < 0.001$ 时，有限元模型不收敛，且随 K_3 的减小收敛逐渐困难。由于 K_3 取 1 和 0.001 时，其相对误差仅为 0.2%，应力值变化趋于稳定，考虑到精度要求，K_3 取 1。

所以，除变化参数外，若无特殊说明，计算参数 K_1 取为 0，K_3 取为 1，其他参数同前。

2.3.2 轮载对荷载应力的影响

按照现行路面设计规范，行车荷载采用标准轴载 BZZ—100，轮胎内压 0.7 MPa，但近年公路运输重载超载现象严重，许多地区运输车辆的轴载，远远大于轴载设计值 100 kN。为了研究连续配筋混凝土基层的承载能力，需要考虑轮载对荷载应力的影响，如图 2-11 所示。

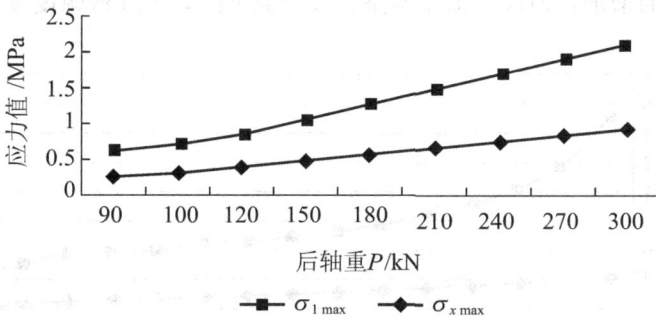

图 2-11 板内应力随轴载变化

图 2-11 中，第一主应力 σ_{1max} 随轴载基本呈线性变化，切线斜率接近轴重变化比值且 $\sigma_{1max} = \sigma_{zmax}$。同样，$\sigma_{xmax}$ 随轴载也呈线性变化，但其切线斜率小于轴重变化比值。轴重由 90 kN 增加至 300 kN，σ_{1max} 由 0.637 812 MPa 增加至 2.126 MPa，轮载对荷载应力的影响显著。

2.3.3 地基模量对荷载应力的影响

图 2-12 为板内应力随地基模量 E_3 由 10 MPa 增加到 1 000 MPa 时的变化情况。

增加地基模量 E_3 的数值，σ_{xmax} 降低幅度并不明显。E_3 由 10 MPa 增加到 1 000 MPa，增幅 100 倍，σ_{xmax} 仅由 0.421 62 MPa 降低至 0.230 41 MPa，降幅 45%。

E_3 由 10 MPa 增加到 1 000 MPa 后，σ_{1max} 与 σ_{zmax} 由 1.529 MPa 降至 0.458 891 MPa，降幅 70%。当 $E_3 < 400$ MPa 时，对 σ_{1max} 与 σ_{zmax} 影响较为明显，随着 E_3 的增加，该应力值呈凹形曲线单调下降且降低幅度较大；当 400 MPa $< E_3 < 1$ 000 MPa 时，对 σ_{1max} 与 $\sigma_{z\,max}$ 影响较不太显著，随着 E_3 的增加，该应力值基本呈直线单调下降，但降低幅度逐渐小。

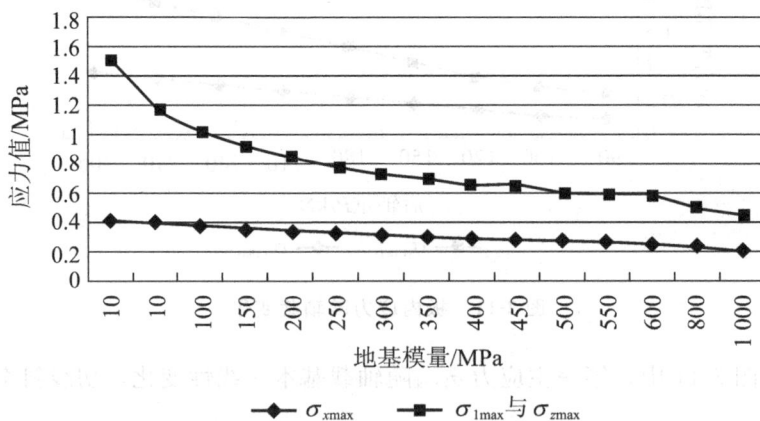

图 2-12 板内应力随地基模量变化

2.3.4 基层模量对荷载应力的影响

如图 2-13 所示，板内应力随基层模量 E_2 由 20 000 MPa 增加到 40 000 MPa时的变化情况。

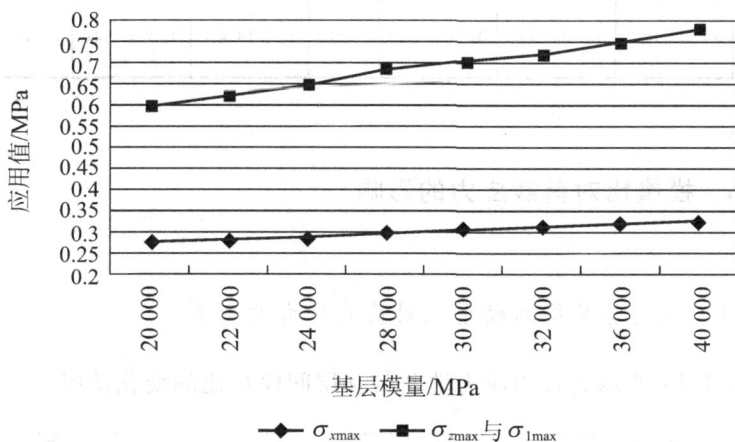

图 2-13 板内应力随基层模量变化

基层模量 E_2 与 σ_{xmax} 呈正比关系，但影响并不明显，E_2 由20 000 MPa 增加到 40 000 MPa 时，σ_{xmax} 由 0.277 978 MPa 增加到0.330 594 MPa，增加 19%。同样，基层模量 E_2 与 σ_{1max} 基本呈正比关系（$\sigma_{1max}＝\sigma_{zmax}$），$\sigma_{1max}$ 由 0.603 601 MPa 增加到 0.782 674 MPa，增加幅度为 30%。

2.3.5 面层模量对荷载应力的影响

由表 2-15 可知，随着 E_1 由 200 MPa 增加至 6 000 MPa，σ_{xmax} 几乎没有变化，σ_{1max} 与 σ_{zmax} 仅降低 2.3%。可见，面层模量 E_1 对基层连续配筋混凝土板内应力影响很小。

表 2-15　板内应力随面层模量 E_1 变化　　　　　　MPa

E_1	$\sigma_{x\max}$	$\sigma_{z\max}$	$\sigma_{1\max}$	E_1	$\sigma_{x\max}$	$\sigma_{z\max}$	$\sigma_{1\max}$
200	0.309 801	0.710 082	0.710 083	2 000	0.308 076	0.704 509	0.704 509
400	0.309 98	0.710 075	0.710 075	5 000	0.304 596	0.693 736	0.693 736
1 200	0.309 061	0.707 535	0.707 535	6 000	0.303 43	0.690 346	0.690 346

2.3.6　模量比对荷载应力的影响

（1）地基与基层间模量比对荷载应力的影响

图 2-14 所示为板内应力地基与基层间模量比的变化情况。

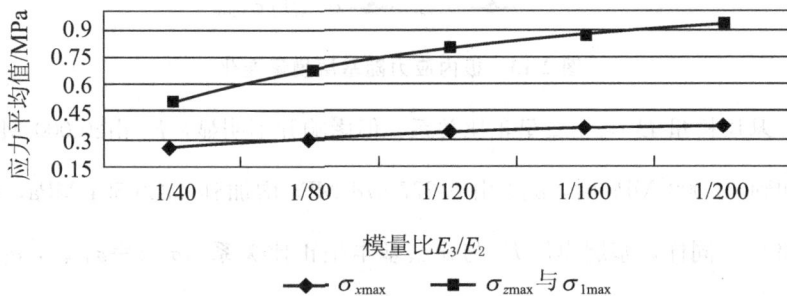

图 2-14　板内应力随地基与基层间模量比变化

当 E_3/E_2 由 1/40 变化到 1/200 时，应力值均呈凸形曲线单调上升，$\sigma_{x\max}$ 由 0.251 748 MPa 增加至 0.367 166 MPa，增长 49%，$\sigma_{1\max}$ 与 $\sigma_{z\max}$ 由 0.521 736 MPa 增加至 0.924 432 MPa，增长 77%，地基与基层间模量比 E_3/E_2 对板内荷载应力影响显著。

在同一模量比下，同时变化地基与基层的模量，E_3 取 $100\sim$ $1\,000$ MPa，E_2 取 $20\,000\sim40\,000$ MPa，板内应力值变化情况见表 2-16。可见，在同一模量比下，分别取三组模量值，计算得到的应力值变化不大，说明地基与基层间模量比 E_3/E_2 为荷载应力的影响性因素之一。

表 2-16　板内应力随 E_3/E_2 变化表　　　　　　MPa

E_3/E_2	取　值	$\sigma_{x\max}$	$\sigma_{z\max}$	$\sigma_{1\max}$
1∶40	1 000∶40 000	0.251 974	0.522 023	0.522 024
	800∶32 000	0.251 787	0.521 477	0.521 477
	600∶24 000	0.251 483	0.520 627	0.520 628
	平　均	0.251 748	0.521 376	0.521 376
1∶80	500∶40 000	0.304 325	0.691 008	0.691 008
	380∶30 400	0.303 936	0.689 934	0.689 934
	260∶20 800	0.303 258	0.687 83	0.687 83
	平　均	0.303 840	0.689 591	0.689 591
1∶120	300∶36 000	0.333 86	0.794 893	0.794 893
	240∶28 800	0.333 401	0.794 108	0.794 108
	180∶21 600	0.332 702	0.792 671	0.792 671
	平　均	0.333 321	0.793 891	0.793 891

续 表

E_3/E_2	取 值	$\sigma_{x\max}$	$\sigma_{z\max}$	$\sigma_{1\max}$
1：160	200：32 000	0.353 252	0.868 607	0.868 308
	180：28 800	0.352 981	0.868 209	0.868 21
	140：22 400	0.352 24	0.867 645	0.867 645
	平 均	0.352 824	0.868 154	0.868 154
1：200	200：40 000	0.368 092	0.923 905	0.923 907
	150：30 000	0.367 344	0.924 714	0.924 716
	100：20 000	0.366 061	0.924 672	0.924 673
	平 均	0.367 166	0.924 430	0.924 432

（2）面层与基层间模量比对荷载应力的影响

表 2-17 为板内应力随面层与基层间模量比 E_1/E_2 变化表。

表 2-17　板内应力随 E_3/E_2 变化表　　　　　　MPa

E_1/E_2	取 值	$\sigma_{x\max}$	$\sigma_{z\max}$	$\sigma_{1\max}$
1：70	570：40 000	0.331 38	0.783 497	0.783 497
	430：30 000	0.309 963	0.710 014	0.710 014
	290：20 000	0.279 009	0.607 574	0.607 574

续　表

E_1/E_2	取　值	$\sigma_{x\max}$	$\sigma_{z\max}$	$\sigma_{1\max}$
1：55	730：40 000	0.331 196	0.783 415	0.783 415
	545：30 000	0.309 871	0.709 738	0.709 738
	450：20 000	0.278 962	0.607 011	0.607 011
1：40	1 000：40 000	0.330 862	0.783 061	0.783 061
	750：30 000	0.309 649	0.709 147	0.709 128
	500：20 000	0.278 911	0.606 798	0.606 798
1：25	1 600：40 000	0.330 088	0.781 764	0.781 764
	1 200：30 000	0.309 061	0.707 535	0.707 535
	800：20 000	0.278 526	0.605 459	0.605 46
1：10	4 000：40 000	0.327 456	0.774 816	0.774 816
	3 000：30 000	0.306 904	0.700 751	0.700 751
	2 000：20 000	0.276 863	0.599 98	0.599 981

由表 2-17 可以看出：

在同一模量比下，同时变化面层与基层的模量，E_1 取 200～2 000 MPa，E_2 取 20 000～40 000 MPa，三组模量值计算得到的数据有较大差异。该结果是因为面层模量对板内应力影响很小，而基层间模量为影响性因素之一，所以同一模量比下，不同模量取值，计算结果不同，且应力变化取决于基层模量 E_2。因此，可以认为面层与基层间模量比 E_1 / E_2 不是板内荷载应力的影响因素。

2.3.7 沥青面层厚度对荷载应力的影响

图 2-15 为板内应力随沥青面层厚度变化的情况。

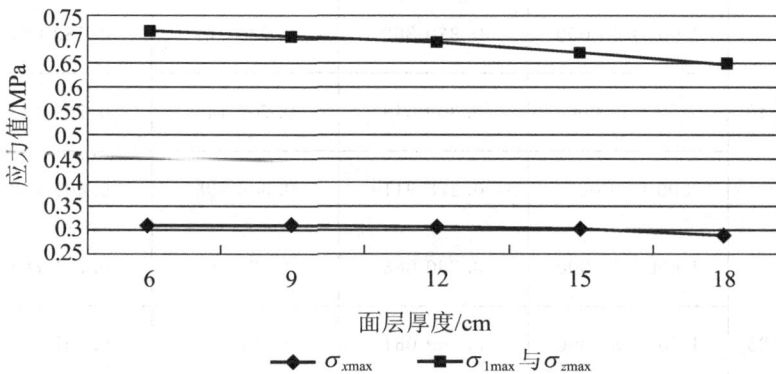

图 2-15 板内应力随面层厚度变化

当面层厚度 h_1 由 6 cm 变化到 18 cm 时，应力值均呈凸形曲线单调下降，σ_{xmax} 由 0.310 271 MPa 降低至 0.295 163 MPa，减少 5%，σ_{1max} 与 σ_{zmax} 由 0.717 816 MPa 降低至 0.651 452 MPa，减少 9%。可见，沥青面层厚度 h 对板内荷载应力影响不明显。

2.3.8 混凝土板厚对荷载应力的影响

图 2-16 所示为板内应力随板厚的变化情况。

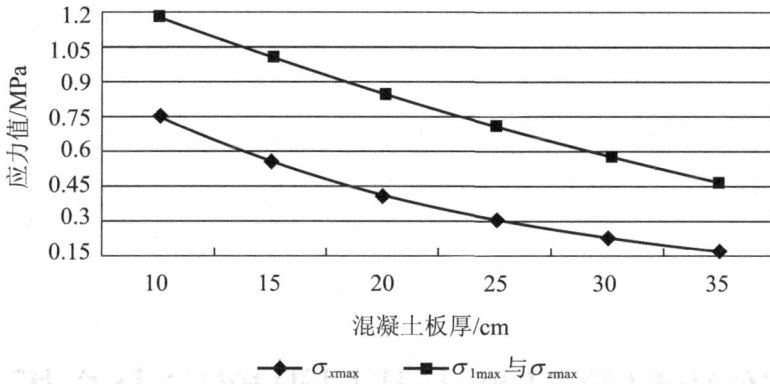

图 2-16　板内应力随板厚变化

当混凝土板厚 h_2 由 10 cm 变化到 35 cm 时,应力值均呈单调下降。σ_{xmax} 由 0.761 087 MPa 降低至 0.182 011 9 MPa,减少 76%,呈凹形曲线单调下降;σ_{1max} 与 σ_{zmax} 由 1.179 MPa 降低至 0.468 895 MPa,减少 60%,基本呈线性单调下降。板厚 h_2 对板内荷载应力影响明显。

3

连续配筋混凝土基层温度应力分析

连续配筋混凝土基层除了受到车辆荷载产生的荷载应力的作用外，环境因素如温度、湿度等也会引起应力作用，可统称为非荷载应力。普通水泥混凝土路面的温度应力主要考虑温度梯度引起的翘曲应力，对连续配筋混凝土基层主要是温度应力和干缩应力。基层由于存在连续的钢筋，温度变化与混凝土干缩引起的水平胀缩变形无法自由发生，会产生很大内应力，混凝土的抗拉强度一般较低，当温缩引起拉应力超过混凝土的抗拉强度时，路面就会产生裂缝。连续配筋混凝土基层配筋的目的是通过钢筋的约束限制裂缝宽度，减缓裂缝向上反射速度，减弱雨水下渗侵蚀作用。混凝土中配置钢筋对基层裂缝数量、裂缝间距和裂缝宽度等有重要影响。本章首先建立了连续配筋混凝土基层温度应力计算模型，并计算分析其温度应力、干缩应力和翘曲应力。

3.1 计算模型分析

3.1.1 温度应力简化模型

配筋设计中考虑的主要荷载是降温和干缩。降温沿板厚一般是非线性分布，分析中将其简化为线性，并分为两部分考虑。一部分为路面的平均降温，记为 ΔT，将此部分均匀降温引起的路面温度应力称为温缩应力；另一部分是温度沿板厚方向的变化，将温度梯度记为 T_g，此部分产生的温度应力为翘曲应力。此两部分的板内温度应力如图 3-1 所示。由于混凝土硬化过程中水泥水化作用等因素的影响，混凝土产生干缩变形，变形受到约束时就会产生内应力，将之称为干缩应力，故基层非荷载应力 σ_N 主要由三部分组成，即：

$$\sigma_N = \sigma_d + \sigma_b + \sigma_s$$

式中：σ_d——均匀降温引起的温缩应力；

σ_b——温度梯度引起的翘曲应力；

σ_s——混凝土干缩变形引起的干缩应力。

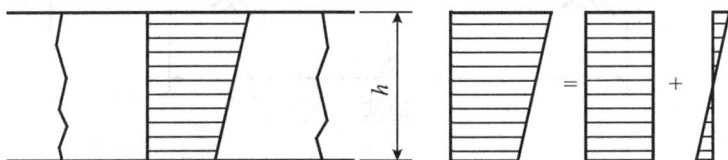

图 3-1　板内温度应力示意图

3.1.2 连续配筋混凝土基层简化模型

如图 3-2 所示连续配筋混凝土基层模型。板中位置配置了连续的钢筋，在温降、干缩的影响下已产生裂缝，钢筋、地基及面层对板的收缩变形起到了约束作用，裂缝间距（板长）为 S，钢筋的横向间距为 b，板厚为 h，由于钢筋是等间距布置的，故可任意取出带一根钢筋的板条进行分析，模型如图 3-3 所示。混凝土由于收缩变形受到约束，内部会产生拉应力，钢筋受到来自混凝土的剪应力及两端的拉力，在温降和干缩影响下，板内钢筋与混凝土的应力和位移对称分布，其中在两端裂缝处混凝土的应力为零，在板中钢筋和混凝土的位移为零。根据对称条件，可取板条的一半作为温度应力的计算模型。板条在降温、干缩作用下钢筋和混凝土的受力分布，如图 3-4 所示，图中 $L = 1/2S$。

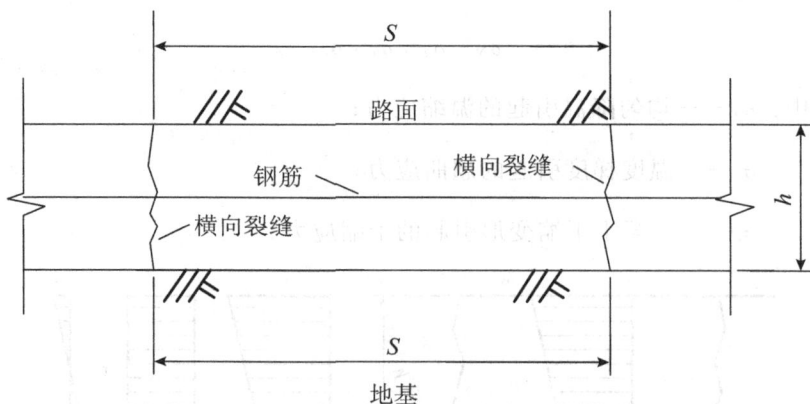

图 3-2 连续配筋混凝土基层模型

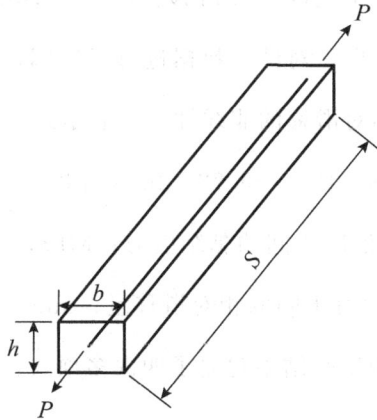

图 3-3 模型

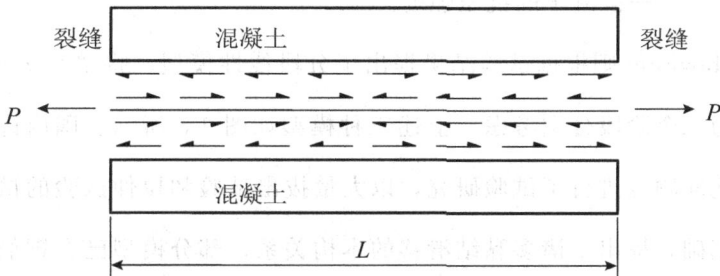

图 3-4 板条中钢筋和混凝土受力分布

3.1.3 钢筋混凝土结构的黏结滑移本构关系

钢筋与混凝土间的黏结作用是保证钢筋与混凝土共同受力、协调变形的工作基础，黏结应力与滑移变形间的关系也是钢筋混凝土结构力学分析中最重要的本构关系之一。Siligar 在 1936 年首先提出了钢筋混凝土结构的黏结滑移理论，认为混凝土与钢筋的接触面上存在黏结应力，钢筋与混凝土之间存在滑移。然后 Nilson 整理了 Bresler 等人的部分拔出试验结果，对试验数据进行了回归，提出了一个三次多项式的黏结应力与相对滑移的非线性关系表示式：

$$\tau_s = 9.78 \times 10^2 \ s - 5.72 \times 10^4 \ s^2 + 8.35 \times 10^5 \ s_3$$

式中：τ_s——钢筋与混凝土间的黏结应力；MPa；

$\quad\quad s$——钢筋与混凝土间的相对滑移量；mm。

Houde 根据拉伸试验结果建立了四次多项式：

$$\tau_s = (5.3 \times 10^2 \ s - 2.52 \times 10^4 \ s^2 + 5.86 \times 10^5 s^3 - 5 \times 0^6 \ s^4)\sqrt{\frac{f_c}{40.7}}$$

式中：f_c——混凝土的抗压强度。

Hawking 则根据试验结果提出了分段线性模型，将整个 $\tau_s - s$ 关系分为三个阶段分别考虑，上述三种模型如图 3-5 所示。国内许多学者对此问题也进行了试验研究，以大量拔出试验和拉伸试验的试验结果为基础，提出了诸多黏结滑移的本构关系，部分模型已在钢筋混凝土结构的有限元分析中应用。

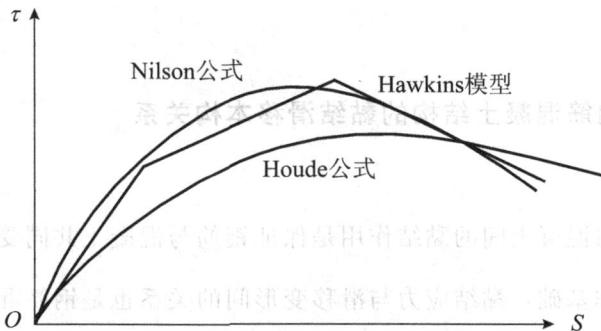

图 3-5　黏结应力与滑移关系曲线

若建立连续配筋混凝土基层裂缝间距、裂缝宽度与荷载间的关系，必须在温度应力分析中考虑钢筋混凝土间的黏结与滑移作用。本节在分析中认为温度变化引起钢筋与混凝土间的黏结应力小于两者黏结强度，在黏结破坏发生之前认为黏结应力—滑移间呈线性变化，即钢筋与混凝土间的黏结应力 t_s 与二者间的相对滑移 s 成正比：

$$\tau_s = k_s s \qquad\qquad (3\text{-}1)$$

式中：k_s——钢筋与混凝土间的黏结刚度系数。

3.2 温缩应力的计算

3.2.1 钢筋约束条件下的温缩应力

在图 3-4 所示的计算模型中截取长度为 $\mathrm{d}x$ 的微分单元体（如图 3-6 所示）并将混凝土与钢筋分开，其中混凝土截面积为 A_c，模量为 E_c，钢筋直径为 d_s，面积 A_s，模量为 E_s，钢筋与混凝土间的黏结约束为 t_s。配筋率 $p = A_s/A_c$，钢筋混凝土模量比 $n = E_s/E_c$，令 $\varphi = pn$，称为钢筋的刚度贡献率。在分析中假定：

① 不计地基摩阻力影响，只考虑钢筋的约束；

② 混凝土应力沿截面均匀分布；

③ 钢筋与混凝土间相互作用的本构关系按式（3-1）。

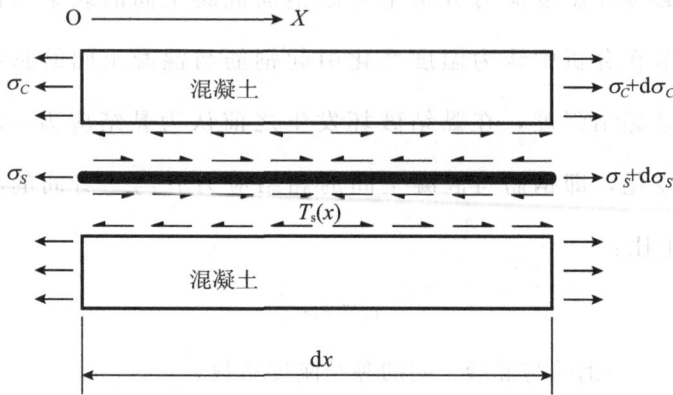

图 3-6　微分单元力学分析

根据图 3-6，由混凝土在 x 方向受力平衡 $\sum F_x = 0$，可得：

$$A_c(\sigma_c + \mathrm{d}\sigma_c - \sigma_c) - \pi \mathrm{d}_s \mathrm{d}x \tau_s = 0$$

整理为如下形式：

$$\frac{\mathrm{d}\sigma_c}{\mathrm{d}x} - \frac{\pi d_s}{A_c}\tau_s = 0 \qquad (3\text{-}2)$$

同理，由钢筋在 x 方向的受力平衡 $\sum F_x = 0$ 可得出：

$$\frac{\mathrm{d}\sigma_s}{\mathrm{d}x} - \frac{\pi d_s}{A_s}\tau_s = 0 \qquad (3\text{-}3)$$

由 $\sigma_c = E_c\varepsilon = E_c\left(\dfrac{\mathrm{d}u_c}{\mathrm{d}x} + \alpha\Delta T\right)$，可得：

$$\frac{\mathrm{d}\sigma_c}{\mathrm{d}x} = E_c\frac{\mathrm{d}^2 u_c}{\mathrm{d}x^2}$$

同理：

$$\frac{\mathrm{d}\sigma_s}{\mathrm{d}x} = E_s\frac{\mathrm{d}^2 u_s}{\mathrm{d}x^2}$$

代入式（3-3）、式（3-4）式得：

$$\frac{\mathrm{d}^2 u_c}{\mathrm{d}x^2} - \frac{\pi d_s}{A_c E_c}\tau_s = 0 \tag{3-4}$$

$$\frac{\mathrm{d}^2 u_s}{\mathrm{d}x^2} + \frac{\pi d_s}{A_s E_s}\tau_s = 0 \tag{3-5}$$

根据式（3-2）可知 $\tau_s = k_s(u_c - u_s)$，故：

$$\frac{\mathrm{d}^2 u_c}{\mathrm{d}x^2} - \frac{\pi d_s k_s}{A_c E_c}\tau_s(u_c - u_s) = 0$$

$$\frac{\mathrm{d}^2 u_s}{\mathrm{d}x^2} + \frac{\pi d_s k_s}{A_s E_s}\tau_s(u_c - u_s) = 0$$

令 $a_1 = \dfrac{\pi d_s k_s}{A_c E_c}$，$a_2 = \dfrac{\pi d_s k_s}{A_s E_s}$，整理上式可得：

$$\begin{cases} \dfrac{\mathrm{d}^2 u_c}{\mathrm{d}x^2} - a_1 u_c + a_1 u_s = 0 & (3\text{-}6) \\[2mm] \dfrac{\mathrm{d}^2 u_s}{\mathrm{d}x^2} - a_2 u_s + a_2 u_c = 0 & (3\text{-}7) \end{cases}$$

由边界条件：

$$u_c \big|_{x=0} = 0$$

$$u_s \big|_{x=0} = 0$$

$$u_s \big|_{x=L} = 0$$

$$\sigma_c \big|_{x=L} = 0$$

解该方程组，令 $\gamma_3 = \sqrt{a_1 + a_2}$，得到：

$$\begin{cases} u_c = \dfrac{\alpha_c \Delta T}{\varphi L \gamma_3 \mathrm{cth}(\gamma_3 L) + 1}x + \dfrac{\alpha_c \Delta TL}{L\gamma_3 \mathrm{ch}(\gamma_3 L) + \dfrac{1}{\varphi}\mathrm{sh}(\gamma_3 L)}\mathrm{sh}(\gamma_3 x) & (3\text{-}8) \\[4mm] u_s = \dfrac{\alpha_c \Delta T}{\varphi L \gamma_3 \mathrm{cth}(\gamma_3 L) + 1}x - \dfrac{\alpha_c \Delta TL}{\varphi L\gamma_3 \mathrm{ch}(\gamma_3 L) + \mathrm{sh}(\gamma_3 L)}\mathrm{sh}(\gamma_3 x) & (3\text{-}9) \end{cases}$$

所以，混凝土及钢筋的应力分别为：

$$\sigma_c = E_c\left[\frac{\alpha_c \Delta T}{\varphi L\gamma_3 \operatorname{cth}(\gamma_3 L)+1}+\frac{\alpha_c \Delta TL\gamma_3}{L\gamma_3 \operatorname{ch}(\gamma_3 L)+\dfrac{1}{\varphi}\operatorname{sh}(\gamma_3 L)}\operatorname{sh}(\gamma_3 x)-\alpha_c \Delta T\right]$$

$$（3-10）$$

$$\sigma_s = E_s\left[\frac{\alpha_c \Delta T}{\varphi L\gamma_3 \operatorname{cth}(\gamma_3 L)+1}-\frac{\alpha_c \Delta TL\gamma_3}{\varphi L\gamma_3 \operatorname{ch}(\gamma_3 L)+\operatorname{sh}(\gamma_3 L)}\operatorname{ch}(\gamma_3 x)-\alpha_c \Delta T\right]$$

$$（3-11）$$

$$\tau_s = k_s\left[\frac{\alpha_c \Delta TL\varphi}{\varphi L\gamma_3 \operatorname{cth}(\gamma_3 L)+\operatorname{sh}(r_3 L)}+\frac{\alpha_c \Delta TL\operatorname{sh}(\gamma_3 x)}{\varphi L\gamma_3 \operatorname{ch}(\gamma_3 L)+\operatorname{sh}(\gamma_3 L)}\right]$$

$$=(1+\varphi)k_s\alpha_c \Delta TL\,\frac{\operatorname{sh}(\gamma_3 x)}{\varphi L\gamma_3 \operatorname{ch}(\gamma_3 L)+\operatorname{sh}(r_3 L)} \tag{3-12}$$

由此，可以得到板内最不利位置处的混凝土应力和位移、钢筋应

力及钢筋混凝土间黏结应力为

$$\sigma_c\big|_{x=0}=E_c\left[\frac{\alpha_c \Delta T}{\varphi L\gamma_3 \operatorname{cth}(\gamma_3 L)+1}\right.$$

$$\left.+\frac{\varphi\alpha_c \Delta TL\gamma_3 \operatorname{ch}(\gamma_3 x)}{\varphi L\gamma_3 \operatorname{ch}(\gamma_3 L)+\operatorname{sh}(\gamma_3 L)}-\alpha_c \Delta T\right]$$

$$=E_s\alpha \Delta T\frac{\varphi L\gamma_3 \left[\operatorname{sech}(\gamma_3 L)-1\right]}{\operatorname{th}(\gamma_3 L)+\varphi L\gamma_3} \tag{3-13}$$

$$\sigma_c\big|_{x=L}=E_s\left[\frac{\alpha_c \Delta T}{\varphi L\gamma_3 \operatorname{cth}(\gamma_3 L)+1}\right.$$

$$\left.-\frac{\alpha_c \Delta TL\gamma_3 \operatorname{ch}(\gamma_3 L)}{\varphi L\gamma_3 \operatorname{ch}(\gamma_3 L)+\operatorname{sh}(\gamma_3 L)}-\alpha_s \Delta T\right]$$

$$=E_s\alpha_s \Delta T\left[\frac{\alpha_c/\alpha_s\left[1-L\gamma_3 \operatorname{cth}(\gamma_3 L)\right]}{1+\varphi L\gamma_3 \operatorname{cth}(\gamma_3 L)}-1\right] \tag{3-14}$$

$$u_c\big|_{x=L}=\frac{\alpha_c\Delta T}{\varphi L\gamma_3\,\mathrm{cth}(\gamma_3 L)+1}+\frac{\alpha\Delta TL\,\mathrm{sh}(\gamma_3 L)}{L\gamma_3\,\mathrm{ch}(\gamma_3 L)+\dfrac{1}{\varphi}\,\mathrm{sh}(\gamma_3 L)}$$

$$=(1+\varphi)\frac{\alpha_c\Delta TL}{1+\varphi L\gamma_3\,\mathrm{cth}(\gamma_3 L)} \tag{3-15}$$

$$\tau_s\big|_{x=L}=(1+\varphi)k_s\alpha_c\Delta TL\,\frac{\mathrm{sh}(\gamma_3 L)}{\varphi L\gamma_3\,\mathrm{ch}(\gamma_3 L)+\mathrm{sh}(\gamma_3 L)}$$

$$=\frac{k_s(1+\varphi)\alpha_c\Delta TL}{\varphi L\gamma_3\,\mathrm{cth}(\gamma_3 L)+1} \tag{3-16}$$

裂缝宽度为

$$w_c=2u_c\big|_{x=L}=\frac{2(1+\varphi)\alpha_c\Delta TL}{\varphi L\gamma_3\,\mathrm{cth}(\gamma_3 L)+1} \tag{3-17}$$

取计算参数为：$h_c=25$ cm，$b=150$ cm，$D_s=14$ mm，$L=2.5$ m，$\alpha_c=1.0\times10^{-5}/℃$，$\alpha_s=1.2\times10^{-5}/℃$，降温 10 ℃，$E_c=30\ 000$ MPa，$E_s=200\ 000$ MPa，$k_s=10$ MPa/mm，配筋率 $p=0.4\%$，计算多种情况下路面内混凝土和钢筋的应力与位移，不考虑地基及路面约束时的计算结果可如图 3-7 至图 3-11 所示。

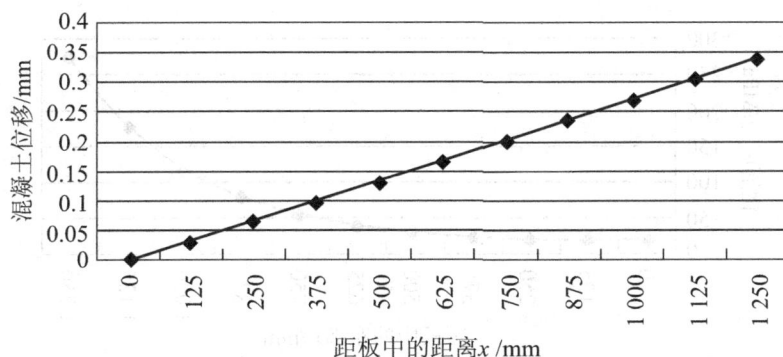

图 3-7　混凝土位移沿行车方向分布

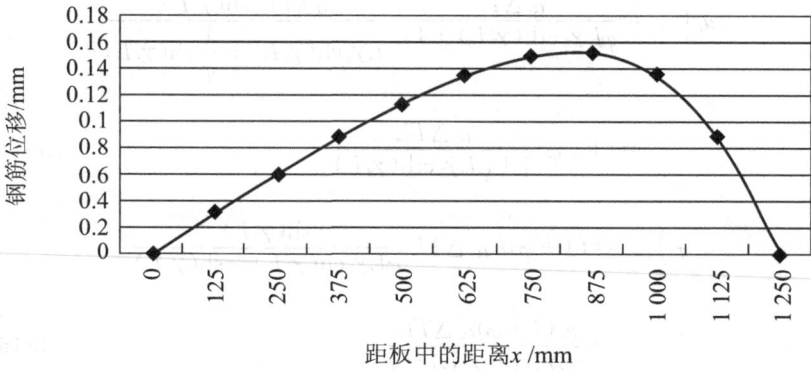

图 3-8　钢筋位移沿行车方向分布

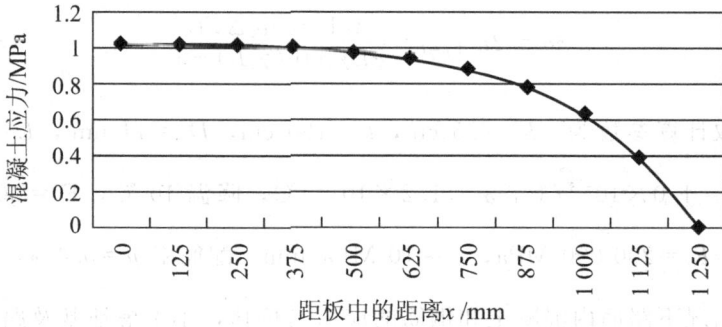

图 3-9　混凝土应力沿行车方向分布

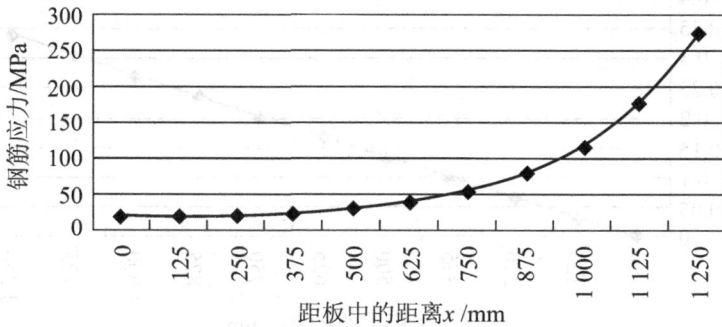

图 3-10　钢筋应力沿行车方向分布

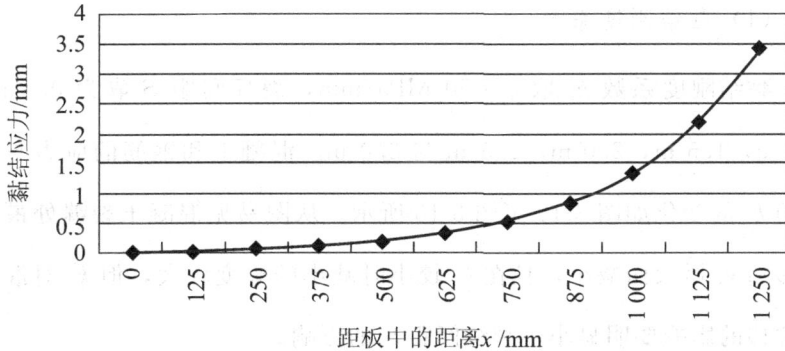

图 3-11 钢筋与混凝土黏结应力沿行车方向分布

从图 3-7 至图 3-11 中可知，混凝土位移随 x 增加而线性增加，在板中最小为零，在裂缝处最大；钢筋位移在板中 $x=0$ 处为零，然后随 x 增加而增长到某一极值，之后又迅速减小，在裂缝处为零；混凝土应力在板中位置最大，然后随 x 增加而减小，在裂缝处减小为零；钢筋在降温时会产生拉应力，板中最小，随 x 增加而增大，在裂缝附近钢筋的拉应力急剧增加。其原因在于板中部分降温引起的拉应力由钢筋和混凝土共同承担，而在裂缝处只由钢筋承担拉应力，故裂缝处钢筋的拉应力最大；钢筋混凝土间的黏结应力在板中为零，然后随 x 增加而增大，在裂缝处最大，因为端部钢筋与混凝土间的位移差值最大。

3.2.2 温缩应力参数影响分析

影响温缩应力的参数为：连续配筋混凝土基层裂缝间距、配筋率和钢筋混凝土黏结刚度系数等。下面将分析以上参数对混凝土裂缝处位移（裂缝宽度）与板中位置应力、钢筋最大应力和黏结最大应力等计算结果的影响。

（1）黏结刚度系数

黏结刚度系数 k_s 取 5～50 MPa/mm，裂缝间距 S 取为 0.5 m，1.0 m，1.5 m，2.0 m，2.5 m 与 3.0 m。混凝土和钢筋的应力与位移随 k_s 的变化如图 3-12 至图 3-15 所示。从图易见混凝土裂缝处最大位移随 k_s 增大而减小，且在 k_s 较小时减小的幅度较大，但 k_s 对混凝土位移的影响要明显小于裂缝间距 S 的影响。

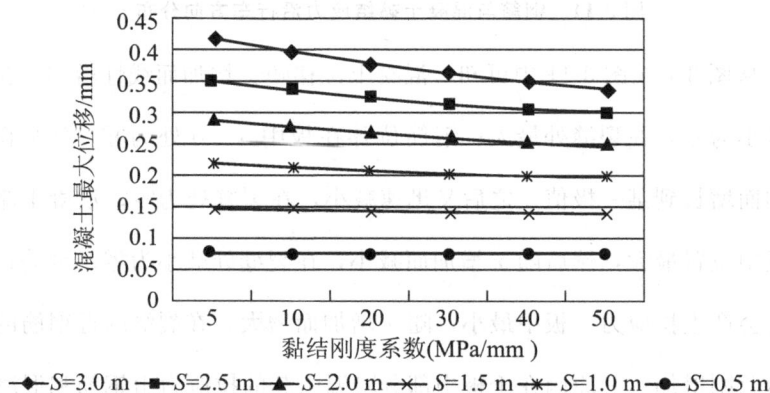

图 3-12　混凝土最大位移随黏结刚度系数 k_s 变化

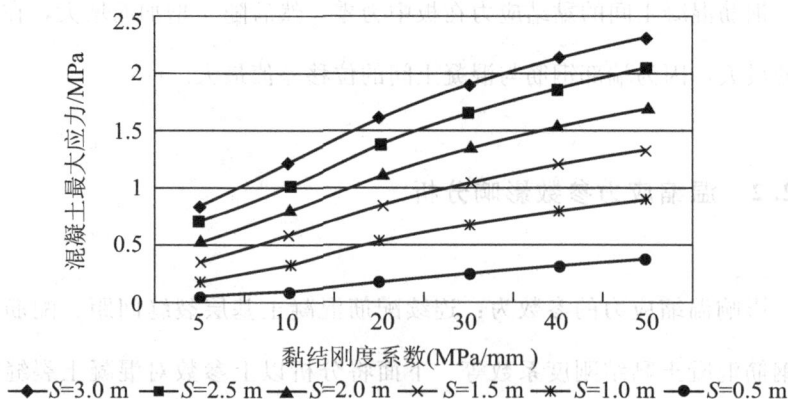

图 3-13　混凝土最大应力随黏结刚度系数 k_s 变化

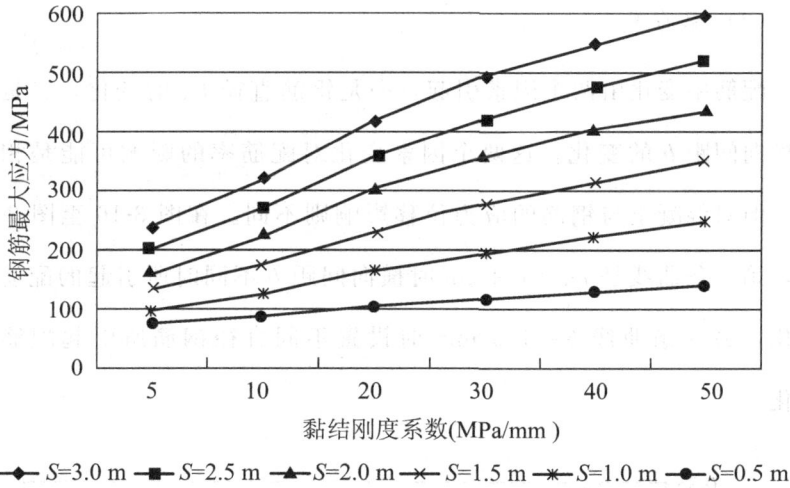

图 3-14 钢筋最大应力随黏结刚度系数 k_s 变化

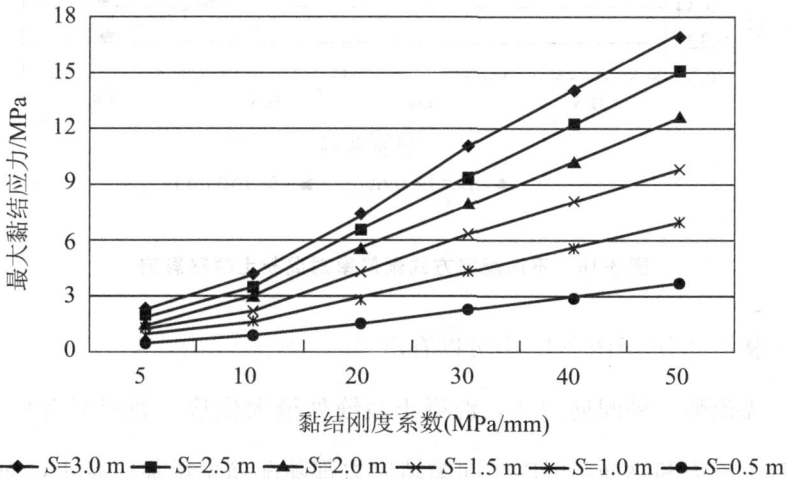

图 3-15 最大黏结应力随黏结刚度系数 k_s 变化

混凝土板中位置最大应力 s_c 随 k_s 增加而增大，钢筋混凝土间的黏结应力随 k_s 增加而线性增长，这与计算中所采用的黏结应力—滑移本构关系是一致的。

（2）配筋率

配筋率变化由两个因素引起，一是钢筋直径 D_s 的变化，二是钢筋横向间距 b 的变化。这两个因素变化对配筋率的影响可能是相同的，但对混凝土与钢筋的应力位移影响则不同。在图 3-16 至图 3-19 中，第一条曲线是 $D_s = 1.4$ cm 时横向间距 b 不同时所引起的配筋率变化，另一条曲线 $b = 150$ mm 时设置不同直径钢筋所引起配筋率变化。

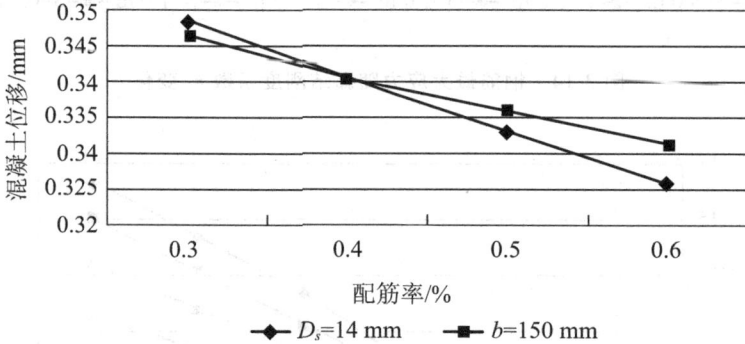

图 3-16 不同配筋方式配筋率对混凝土位移影响

从图 3-16 至图 3-19 中可以看出：

无论哪一种配筋方式，混凝土裂缝处最大位移（裂缝宽度）、钢筋最大应力和钢筋与混凝土间黏结应力都随配筋率增加而减小，而混凝土应力随配筋率增加而增大，且基本上为线性变化。这是因为配筋率增大后，钢筋的握裹面积增加，增强了钢筋对混凝土的约束，减小了混凝土的变形。

由图 3-20 可知，在配筋率相同时，采用"小间距，小直径"

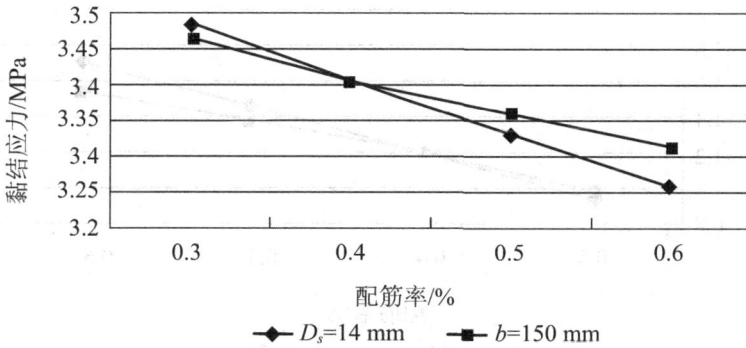

图 3-17　不同配筋方式配筋率对黏结应力的影响

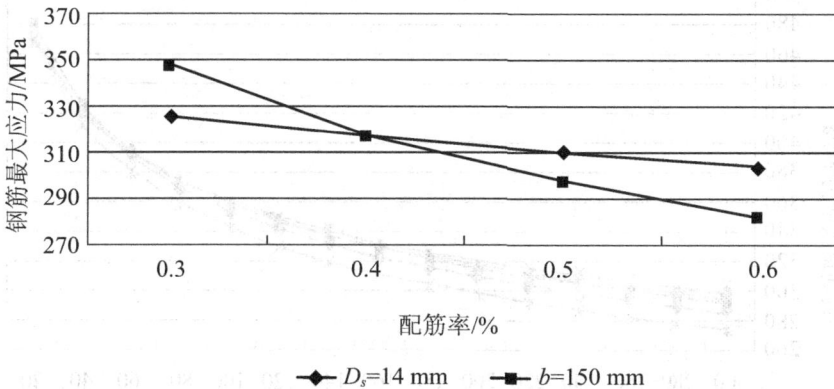

图 3-18　不同配筋方式配筋率对钢筋最大应力的影响

配筋方式比"大直径，大间距"配筋方式能更有效地提高钢筋应力，相应可以减小裂缝宽度，但增大了混凝土的应力。因为相同配筋率时，小直径小间距的配筋方式使钢筋具有更大的握裹面积。

图 3-21 为不同配筋方式不同配筋率对钢筋最大应力的影响立体

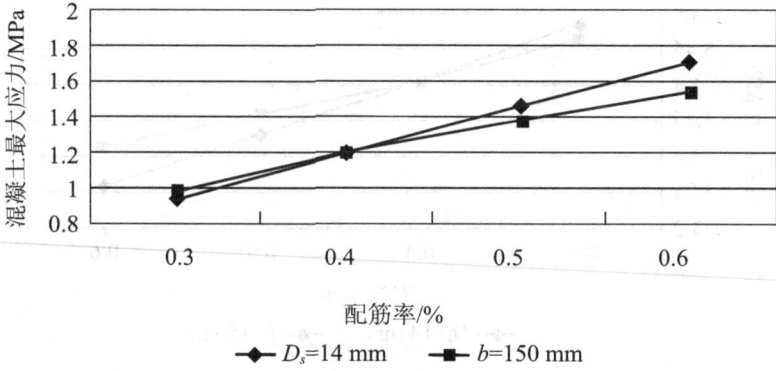

图 3-19　不同配筋方式配筋率对混凝土最大应力的影响

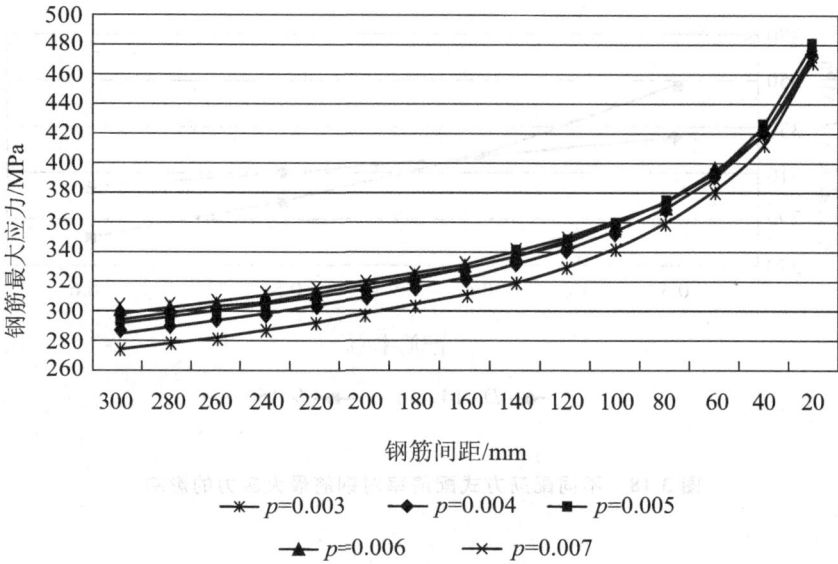

图 3-20　不同配筋方式不同配筋率对混凝土最大应力的影响

图，其中 $P=0.3\%\sim0.7\%$，$b=30\sim350$ mm，$D_s=8\sim18$ mm。在此配筋率范围内，钢筋最大应力呈空间上凹形曲面。

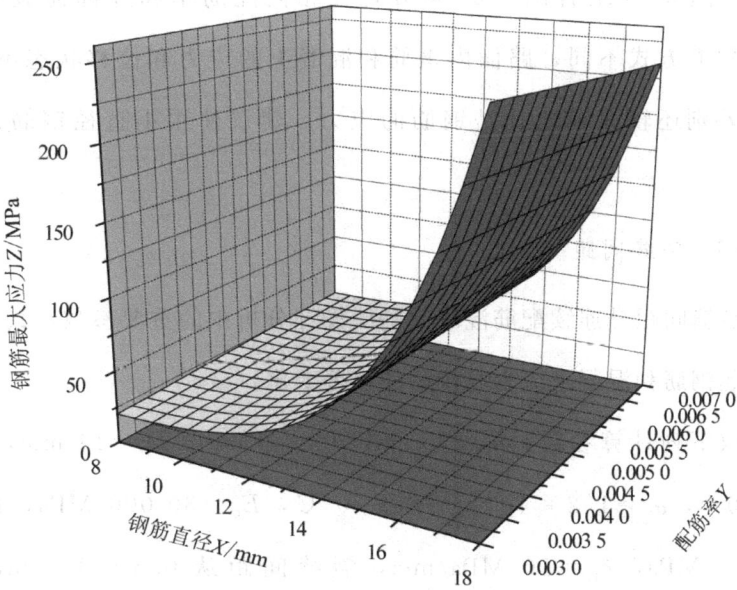

(a) 立体图

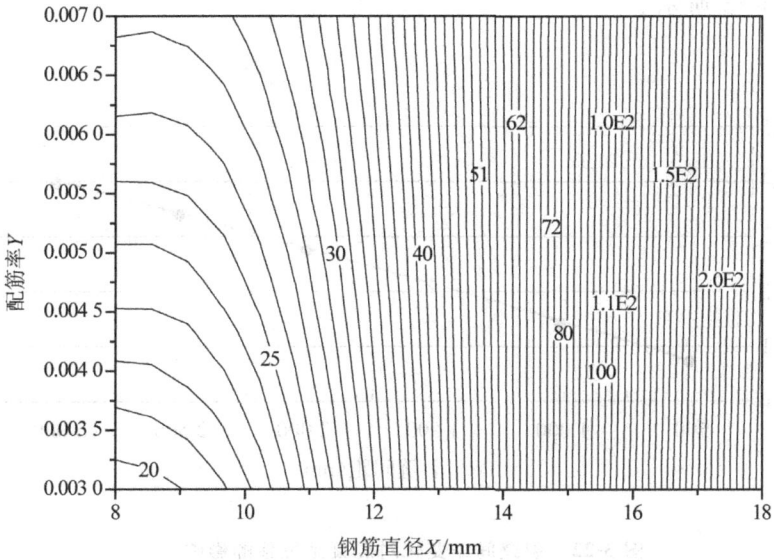

(b) 等值云图

图 3-21 不同配筋方式不同配筋率对钢筋最大应力的影响

由图 3-20 结合图 3-21 可知，在相同配筋率和外部荷载条件下，配筋方式不同，路面内钢筋和混凝土的应力和位移状态不同，有时差别还较大，尤其是钢筋的应力。建议使用小直径钢筋进行配筋。

（3）裂缝间距

裂缝间距是连续配筋混凝土基层设计分析中的重要参数，其变化会引起钢筋和混凝土应力与位移的显著变化。

取下列计算参数：$h_c = 25$ cm，$b = 150$ mm，$D_s = 14$ mm，$\alpha = 1 \times 10^{-5}$，$\alpha_s = 1.2 \times 10^{-6}$，降温 30 ℃，$E_c = 30\,000$ MPa，$E_s = 2 \times 10^5$ MPa，$k_s = 10$ MPa/mm，裂缝间距从 0.5～3.0 m，按 0.5 m 递增，板内温度应力和位移随裂缝间距的变化可如图 3-22 至图 3-25 所示。

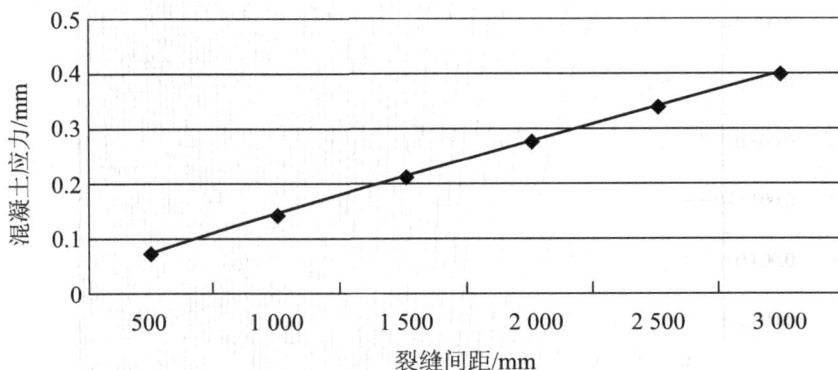

图 3-22　裂缝间距变化对混凝土位移的影响

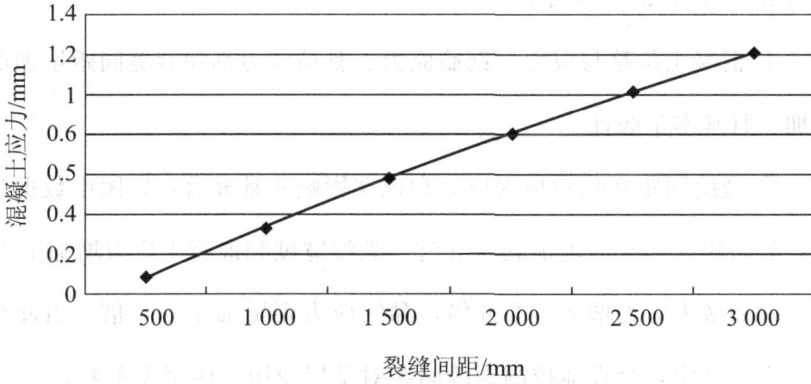

图 3-23 裂缝间距变化对混凝土应力的影响

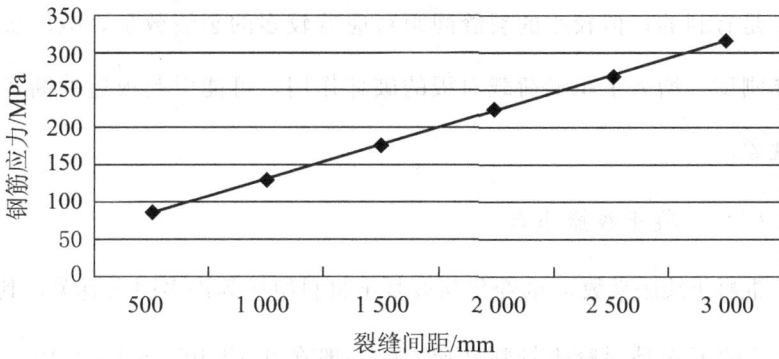

图 3-24 裂缝间距变化对钢筋应力的影响

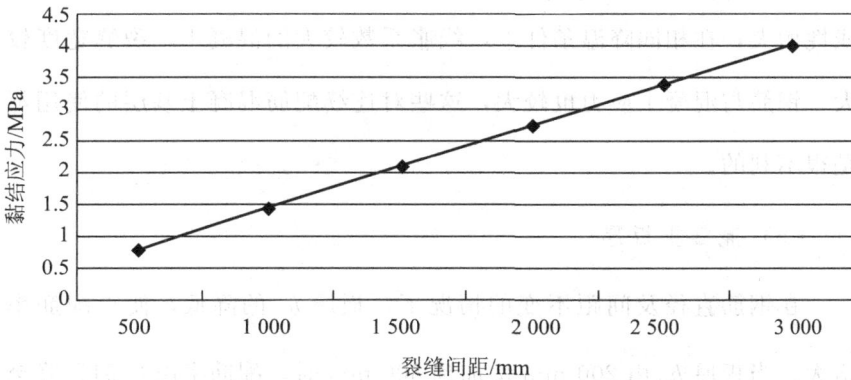

图 3-25 裂缝间距变化对黏结应力的影响

从图 3-22 至图 3-24 可知：

① 混凝土位移与应力、钢筋应力、黏结应力都随裂缝间距增加而增加，且基本呈线性。

② 裂缝间距变化对板内应力和位移影响非常显著，以图中数据为例，裂间距从 0.5 m 增加到 3 m 时，裂缝宽度和混凝土应力增加了 12 倍，钢筋最大应力增加了 3.6 倍，黏结应力则增加了 5.4 倍。由此可见，在设计中，合理地控制裂缝间距对基层使用性能至关重要。

③ 裂缝间距较小时，路面内钢筋和混凝土应力及裂缝宽度也较小，是有利的；但较小的裂缝间距对应着较多的裂缝数量，减弱板的整体刚度，增大了车辆荷载对板的破坏作用，可能引起板边冲断等破坏现象。

（4）混凝土线胀系数

混凝土线胀系数 α_c 的变化与混凝土材料组成等许多因素有关，其中最主要的因素是混凝土骨料性质，α_c 一般在 $0.6 \times 10^{-5} \sim 1.3 \times 10^{-5}/\mathrm{℃}$ 范围内变化。从公式中易见混凝土和钢筋、裂缝宽度等都随 α_c 增加而线性增大，在相同降温条件下，线胀系数较大的混凝土，裂缝宽度较大，钢筋与混凝土应力也较大，这些对连续配筋混凝土基层的使用都是很不利的。

（5）混凝土板厚

在钢筋直径及间距不变的情况下，板厚 h_c 的降低，使得配筋率增大。当板厚 h_c 由 200 mm 增加到 300 mm 时，配筋率由 0.51% 降至 0.34%，板厚变化对路面内混凝土和钢筋应力位移的影响规律同配筋率变化一致。板厚增加增大了混凝土的收缩截面，使裂缝宽度、钢筋应力及黏结应力增大，但总体上影响并不显著。混凝土应力则随板厚增加而显著降低，基本上表现为线性规律，其原因在于板厚的增加使混凝土承受拉力的截面面积增大。

（6）混凝土模量

混凝土模量一般在 20 000～40 000 MPa 范围内，其变化对混凝土与钢筋应力位移的影响可见表 3-1，混凝土模量的增加将会使裂缝宽度、混凝土应力、钢筋应力及钢筋混凝土间黏结应力均略有增加，但其影响程度很小。

表 3-1　混凝土模量变化对连续配筋混凝土基层应力位移的影响

E_c/MPa	u_c/mm	w/mm	σ_c/MPa	σ_s/MPa	τ_c/MPa
20 000	0.325 9	0.651 79	0.975 29	263.392 3	3.258 96
25 000	0.334 55	0.669 11	1.004 87	269.053 3	3.345 55
30 000	0.340 62	0.681 23	1.025 58	273.018 2	3.406 17
35 000	0.345 1	0.690 2	1.040 9	275.949 8	3.450 99
40 000	0.348 55	0.697 1	1.052 69	278.205 5	3.485 48

（7）年平均降温

年平均降温范围取为 25～30 ℃，其变化对混凝土与钢筋应力位移的影响可见表 3-2。可看出，年平均降温对钢筋应力影响较大，虽使得裂缝宽度、混凝土应力及钢筋混凝土间黏结应力有所增大，但影响较小。

表 3-2　降温变化对连续配筋混凝土基层应力位移的影响

$\Delta T/℃$	u_c/mm	w/mm	σ_c/MPa	σ_s/MPa	τ_c/MPa
−25	0.283 85	0.567 7	0.854 65	227.515 1	2.838 48
−26	0.295 2	0.590 4	0.888 84	236.615 7	2.952 02
−27	0.306 56	0.613 12	0.923 02	245.716 3	3.065 56
−28	0.317 91	0.635 82	0.957 21	254.817	3.179 1
−29	0.329 26	0.658 52	0.991 4	263.917 6	3.292 63
−30	0.340 62	0.681 24	1.025 58	273.018 2	3.406 17

3.3　干缩应力分析

混凝土硬化过程中的水化作用和水分的挥发会使混凝土产生干缩变形，记干缩变形为 ε_{sh}，干缩应力分析中的本构方程为

$$\sigma_c = E_c \left(\frac{\mathrm{d}u_c}{\mathrm{d}x} + \varepsilon_{sh} \right)$$

$$\sigma_s = E_s \frac{\mathrm{d}u_c}{\mathrm{d}x}$$

边界条件为：
$$u_c \mid_{x=0} = 0$$

$$u_s \mid _{x=0} = 0$$

$$u_s \mid _{x=L} = 0$$

$$\sigma_c \mid _{x=L} = 0$$

易得出干缩变形引起路面内钢筋和混凝土的应力和位移为：

$$u_c = \frac{\varepsilon_{sh}}{\varphi L r_3 \mathrm{cth}(r_3 L) + 1} x$$

$$+ \frac{\varepsilon_{sh} L}{L r_3 \mathrm{ch}(r_3 L) + \frac{1}{\varphi} \mathrm{sh}(r_3 L)} \mathrm{sh}(r_3 x)$$

$$\sigma_c = E_c \left[\frac{\varepsilon_{sh}}{\varphi L r_3 \mathrm{cth}(r_3 L) + 1} \right.$$

$$\left. + \frac{\varepsilon_{sh} L r_3}{L r_3 \mathrm{ch}(r_3 L) + \frac{1}{\varphi} \mathrm{sh}(r_3 L)} \mathrm{ch}(r_3 x) - \alpha_c \Delta T \right]$$

$$\sigma_s = E_s \left[\frac{\varepsilon_{sh}}{\varphi L r_3 \mathrm{cth}(r_3 L) + 1} \right.$$

$$\left. - \frac{\varepsilon_{sh} L r_3}{\varphi L r_3 \mathrm{ch}(r_3 L) + \mathrm{sh}(r_3 L)} \mathrm{ch}(r_3 x) \right]$$

$$\tau_s = (1 + \varphi) k_s \varepsilon_{sh} L \frac{\mathrm{sh}(r_3 x)}{\varphi L r_3 \mathrm{ch}(r_3 L) + \mathrm{sh}(r_3 L)}$$

计算参数取为：$h_c = 25$ cm，$b = 150$ cm，$D_s = 14$ mm，$S = 2.5$ m，$k_s = 10$ MPa/mm，混凝土干缩应变 ε_{sh} 为 3×10^{-4}，其他参数同前，钢筋和混凝土位移应力的计算结果见表 3-3。从表中易见，干缩引起混凝土和钢筋应力在板长 x 方向的分布规律与降温时的规律是基本相同的，但数值上不同。如取降温为 30 ℃，混凝土自由收缩应变为 3×10^4，图 3-26 示出了两种荷载条件下混凝土应力的对比。从图中可见，$\varepsilon_{sh}=3\times10^4$，与降温 30 ℃所计算的混凝土应力基本相同，但图 3-27 表明钢筋的应力数值上有显著变化，降温条件下板中位置钢筋为拉应力，而在干缩变形作用下，钢筋在板中部分会出现压应力。在变化趋势上两着基本相同，数值上相差约为 72 MPa，其原因在于降温是对于整个基层结构而言，钢筋和混凝土都会产生降温，而干缩变形则只产生于混凝土材料。

表 3-3　干缩变形引起的钢筋和混凝土应力

x/m	u_c/mm	u_s/mm	S/MPa	σ_c/MPa	σ_s/MPa
0	0	0	0	1.025 58	−48.818 3
125	0.033 23	0.030 41	0.028 2	1.023 55	−48.324 1
250	0.066 48	0.060 18	0.063	1.016 99	−46.726
375	0.099 76	0.088 51	0.112 52	1.004 37	−43.650 4
500	0.133 12	0.114 29	0.188 34	0.982 73	−38.378 3
625	0.166 59	0.135 78	0.308 18	0.947 01	−29.677 7
750	0.200 26	0.150 25	0.500 05	0.888 87	−15.514 7
875	0.234 24	0.153 35	0.808 8	0.794 72	7.421 07
1 000	0.268 72	0.138 05	1.306 61	0.642 55	44.490 59
1 125	0.304 01	0.093 03	2.109 82	0.396 79	104.358 5
1 250	0.340 62	0	3.406 17	0	201.018 2

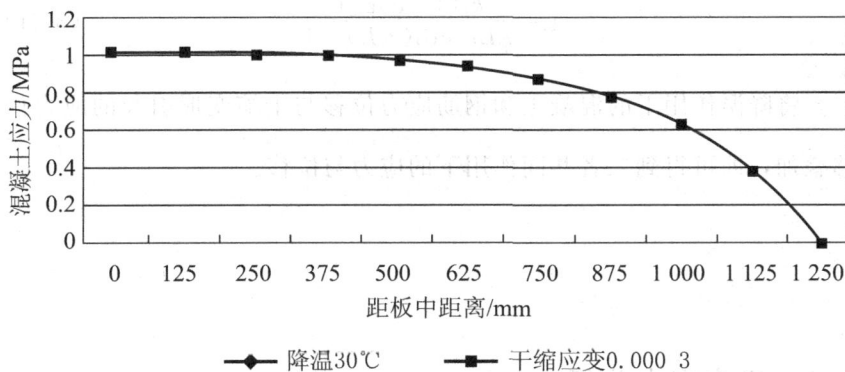

图 3-26　干缩与降温作用时混凝土应力对比

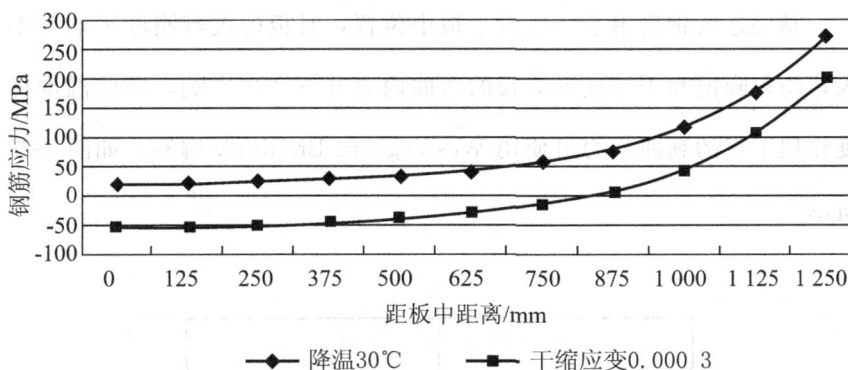

图 3-27　干缩与降温作用时钢筋应力对比

干缩变形引起的板内混凝土与钢筋最大应力与位移为：

$$u_c = (1+\varphi)\frac{\varepsilon_{sh}L}{1+\varphi Lr_3\,\mathrm{cth}(r_3L)} \tag{3-18}$$

$$\sigma_c = E_c\varepsilon_{sh}\frac{\varphi Lr_3\,\mathrm{sech}(r_3L)}{\mathrm{th}(r_3L)+\varphi Lr_3} \tag{3-19}$$

$$\sigma_s\big|_{s=L} = E_s\varepsilon_{sh}\frac{1-Lr_3\,\mathrm{cth}(r_3L)}{1+\varphi Lr_3\,\mathrm{cth}(r_3L)} \tag{3-20}$$

$$\tau_s = \frac{k_s(1+\varphi)\varepsilon_{sh}L}{\varphi Lr_3\,\mathrm{cth}(r_3L)+1} \qquad (3\text{-}21)$$

将降温作用下的混凝土和钢筋应力位移与干缩变形引起的应力位移叠加，即可得到二者共同作用下的应力与位移。

3.4 翘曲应力分析

基层连续钢筋由于一般设于板中位置，对板的抗弯刚度影响并不大，均匀降温和干缩变形对板的弯曲内力并不产生影响，因此温度梯度作用下板的翘曲应力可使用 Westergaard-Bradbury 解答，如图 3-28 所示。

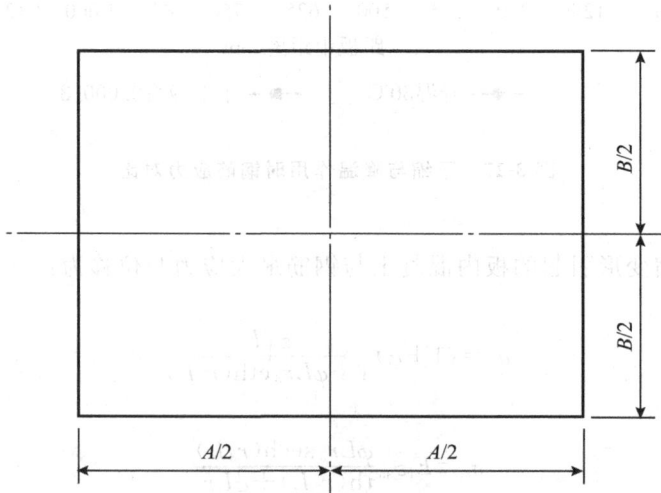

图 3-28　四边自由板

$$\sigma_x = \frac{E\alpha T_g}{2(1-\mu^2)}(C_x + \mu C_y)$$

$$\sigma_y = \frac{E\alpha T_g}{2(1-\mu^2)}(C_y + \mu C_x)$$

其中：

$$C_x = 1 - \frac{2\cos\lambda_A \operatorname{cth}\lambda_A}{\sin 2\lambda_A + \operatorname{sh} 2\lambda_A}\left[(\tan\lambda_A + \operatorname{th}\lambda_A)\cos\frac{x}{\sqrt{2l}}\operatorname{ch}\frac{x}{\sqrt{2l}}\right.$$

$$\left. + (\operatorname{th}\lambda_A - \operatorname{th}\lambda_A)\sin\frac{x}{\sqrt{2l}}\operatorname{sh}\frac{x}{\sqrt{2l}}\right]$$

$$C_y = 1 - \frac{2\cos\lambda_B \operatorname{cth}\lambda_B}{\sin 2\lambda_B + \operatorname{sh} 2\lambda_B}\left[(\tan\lambda_B + \operatorname{th}\lambda_B)\cos\frac{y}{\sqrt{2l}}\operatorname{ch}\frac{y}{\sqrt{2l}}\right.$$

$$\left. + (\operatorname{th}\lambda_B - \operatorname{th}\lambda_B)\sin\frac{y}{\sqrt{2l}}\operatorname{sh}\frac{y}{\sqrt{2l}}\right]$$

式中：$w_0 = \alpha T_g l^2$，$\lambda_A = \dfrac{A}{\sqrt{8l}}$；$\lambda_B = \dfrac{B}{\sqrt{8l}}$；$l = \sqrt[4]{\dfrac{Eh^3}{12(1-\mu^2)K}}$；

1 为板的相对刚度半径；A 为板长；B 为板宽；T_g 为板的温度梯度；K 为 Winkler 地基的反应模量。

荷载应力分析得到了基层的两个临界荷位分别为板横缝一侧中部与板纵缝中部，故翘曲应力计算时也应考虑这两个位置。最大翘曲应力一般产生在板中或板边中点处，由于裂缝间距一般在 1.0～2.5 m，小于板宽，这时最大翘曲应力产生于板宽方向的中点（$x=0$，$y=B/2$），此时：

$$\sigma_x = \frac{E_c \sigma_c T_g}{2}\left[1 - \frac{2\cos\lambda_A \operatorname{ch}\lambda_A}{\sin 2\lambda_A + \operatorname{sh}\lambda_A}(\tan\lambda_A + \operatorname{th}\lambda_A)\right] \tag{3-22}$$

由于基层是纵向配筋，温度应力与干缩应力的最大值都发生于板长方向的中间位置，故也要考虑板长方向板边中点处的翘曲应力，即，$x=S/2$，$y=0$，此时：

$$\sigma_y = \frac{E_c \sigma_c T_g}{2} \left[1 - \frac{2 \cos \lambda_B \mathrm{ch}\lambda_B}{\sin 2\lambda_B + \mathrm{sh}\lambda_B} (\tan\lambda_B + \mathrm{th}\lambda_B) \right] \qquad (3\text{-}23)$$

无论温度梯度为正或为负，翘曲变形会都导致板中面在水平方向的拉伸，如图3-29所示。普通水泥混凝土路面由于板边自由，这种伸长并不会对板内应力产生影响，而基层由于连续钢筋的配置，裂缝处钢筋变形被严格约束，这种拉伸使钢筋产生拉应力，进而会对混凝土的应力和变形状态产生附加影响。翘曲变形所引起的附加应力可等效为下面问题，即在两端裂缝处钢筋承受大小未知的拉力 P，钢筋的伸长变形为 ΔS，现欲分析混凝土板的受力状态。根据弹性分析中的小变形假定，可不考虑两端拉力 P 方向的改变，仍然为水平方向，则拉力 P 的大小并不影响板的翘曲变形，故翘曲变形所引起的钢筋伸长可由板的挠度方程得到：

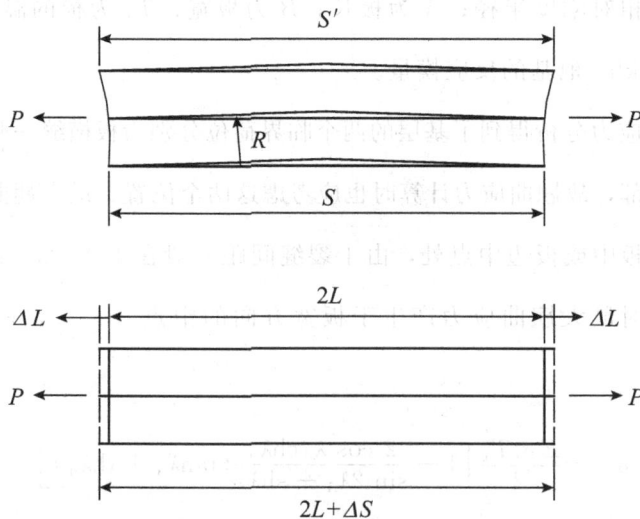

图 3-29　翘曲变形引起板中面拉伸

$$\Delta t = \Delta S / 2 = (S' - S) / 2 = \int_0^{\frac{s}{2}} \sqrt{1 + \left(\frac{\mathrm{d}w}{\mathrm{d}x}\right)^2} \, \mathrm{d}x - L$$

其中：

$$\frac{\mathrm{d}w}{\mathrm{d}x} = \frac{-2\sqrt{2}\cos\lambda_A - \mathrm{ch}\lambda_A}{l(\sin 2\lambda_A + \mathrm{sh}\lambda_A)} \big[\mathrm{th}\lambda_A \cos a_1 x \, \mathrm{sh}\, a_1 x +$$

$$\mathrm{th}\lambda_A \sin a_1 s \, \mathrm{ch}\, a_1 x \big] w_0 \, , a_1 = \frac{1}{\sqrt{2}\, l}$$

Ghosh 在对 Winkler 地基上有限尺寸板计算时考虑了板自身质量的影响，并且假定板在翘曲变形后呈一球面形状，球面半径按下式计算：

$$R = \frac{2h_1^3}{3\alpha_c} \frac{1}{\int_{-h_1}^{+h_1} T_z z \, dz}$$

式中：h_1 为板厚的 $1/2$；

T_z 为温度沿板厚方向的分布。

假定温度为线性分布时（即 $T_z = T_{gz}$），则易得出板中钢筋的伸长为：

$$\Delta l = R \arcsin \frac{L}{R} - L = \frac{L^3}{6R^3} = \frac{\alpha_c T_g L^3}{6R^2}$$

计算出板翘曲变形引起的钢筋伸长后，即可计算由于伸长所引起的钢筋与混凝土附加应力。根据前述计算的通解，代入下列边界条件：

$$u_c \mid_{x=0} = 0$$

$$u_s \mid_{x=0} = 0$$

$$u_s \mid_{x=L} = \Delta L$$

$$\sigma_c \mid_{x=L} = 0$$

可得到基层混凝土与钢筋内的应力位移为：

$$u_c = \frac{\varphi \Delta l r_3 \operatorname{cth}(r_3 L)}{\varphi r_3 \operatorname{cth}(r_3 L) + 1} x - \frac{\varphi \Delta l}{\varphi \Delta l r_3 \operatorname{ch}(r_3 L) + \operatorname{sh}(r_3 L)} \operatorname{sh}(r_3 x)$$

$$\sigma_s = \frac{\varphi \Delta l r_3 \operatorname{cth}(r_3 L)}{\varphi r_3 \operatorname{cth}(r_3 L) + 1} x + \frac{\Delta l}{\varphi \Delta l r_3 \operatorname{ch}(r_3 L) + \operatorname{sh}(r_3 L)} \operatorname{sh}(r_3 x)$$

$$\sigma_c = E_c \left[\frac{\varphi \Delta l r_3}{\varphi L r_3 + \operatorname{th}(r_3 L)} - \frac{\varphi \Delta L r_3}{\varphi L r_3 \operatorname{ch}(r_3 L) + \operatorname{sh}(r_3 L)} \operatorname{sh}(r_3 x) \right]$$

$$\sigma_s = E_s \left[\frac{\varphi \Delta l r_3}{\varphi L r_3 + \operatorname{th}(r_3 L)} + \frac{\varphi \Delta L r_3}{\varphi L r_3 \operatorname{ch}(r_3 L) + \operatorname{sh}(r_3 L)} \operatorname{ch}(r_3 x) \right]$$

$$\tau_s = -(1 + \varphi) \frac{k_s \Delta l \operatorname{sh}(r_3 x)}{\varphi l r_3 \operatorname{ch}(r_3 L) + \operatorname{sh}(r_3 L)}$$

计算参数取为：$h_c = 25$ cm，$b = 150$ cm，$D_s = 14$ mm，$S = 2.5$ m，$k_s = 10$ MPa/mm，$\Delta T = 20$ ℃其他参数同前，钢筋和混凝土位移应力的计算结果见表 3-4。

表 3-4　翘曲应力引起的钢筋和混凝土应力及位移

x/m	u_c/mm	u_s/mm	σ_s/MPa	σ_c/MPa	τ_s/MPa
0	0	0	0	5.70E-04	0.006 21
250	4.74E-06	8.24E-06	−3.50E-05	5.65E-04	0.007 37
500	9.38E-06	1.98E-05	−1.05E-04	5.46E-04	0.012 01
750	1.37E-05	4.15E-05	−2.78E-04	4.94E-04	0.024 71

续 表

x/m	u_c/mm	u_s/mm	σ_s/MPa	σ_c/MPa	τ_s/MPa
1 000	1.74E-05	9.00E-05	−7.26E-04	3.57E-04	0.058 05
1 250	1.91E-05	2.08E-04	−0.001 89	0	0.145 01

计算分析表明，板翘曲变形所引起的钢筋与混凝土附加应力与温缩、干缩条件下的分布规律显著不同，但在裂缝间距较小条件下，板翘曲变形所引起的钢筋伸长很小，故所引起的板内及钢筋的附加应力和变形很有限，所以在配筋设计中，这部分应力与位移可忽略不计。

4

连续配筋混凝土基层结构
设计方法

连续配筋混凝土结构作为路面基层使用时，需要承受车辆荷载与温度荷载的共同作用。在荷载作用下，连续配筋混凝土基层因受板内连续钢筋的约束而无法自由变形，常常会产生较多横向裂缝而带缝工作。由前节分析可知，车辆荷载在基层中产生的拉应力仅约为 0.7 MPa（标准荷载），而温度荷载产生的拉应力可达 2 MPa（仅为干缩应力）以上。连续配筋混凝土基层结构设计主要针对其破坏原因，合理确定板厚及配筋。

依据试验路调查及国外使用经验，连续配筋混凝土基层破坏主要形式为钢筋拉断及板边冲断。温度荷载是连续配筋混凝土基层使用前期破坏的主要因素，车辆荷载为其后期破坏的重要因素。

4.1　连续配筋混凝土基层沥青路面温度场

4.1.1　现场温度观测

为探寻连续配筋混凝土基层板内温度场分布，项目组于 2004 年 8 月在山东济聊馆高速公路 K20+580 处埋设了温度传感器，具体布置如图 4-1。

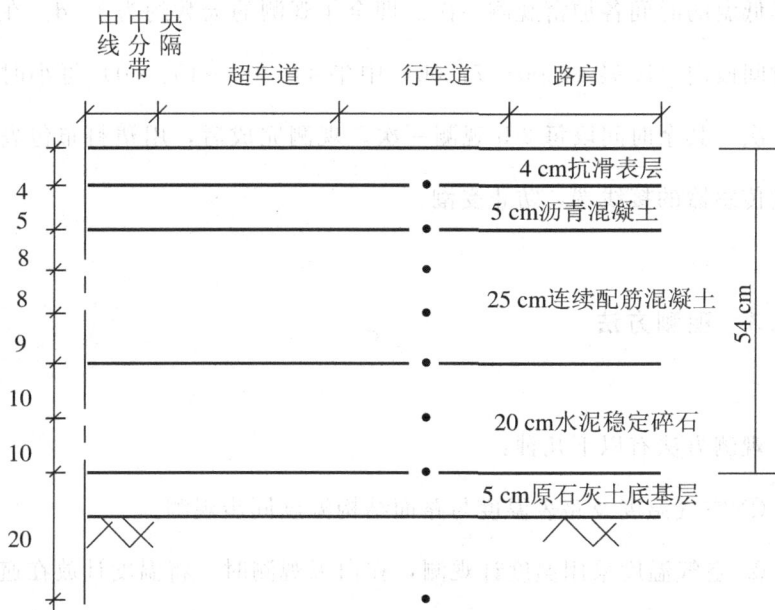

图 4-1　路面结构温度传感器布置

图中尺寸单位为厘米（cm），"·"代表温度传感器。温度传感器横向布置在行车道中心，竖向位于面层的层底、基层和底基层的内部和层底、路基内深度 20 cm 处。温度传感器总计 8 个。传感器的序号，自底向上分别定义为 1，2，3，4，5，6，7，8。

4.1.2　观测时间及频率

道路结构温度场数据从 2004 年 9 月开始到 2005 年 9 月截止，每月采集一次，正常观测的时间约为每月的中旬，每次观测时间为 1 d（共 24 h）。对早晚温差最大的季节，如春、秋两季各加密观测一次。在温度最高的 7 月、8 月及温度最低的 12 月、1 月也选择连续高温及连续低温的时间各加密观测一次。即全年观测的天数约为 16 d。在特定时间段内（凌晨 4：00～7：00，中午 11：00～15：00）每小时观测一次。其余时间段每 2 h 观测一次。观测完成后，用塑料布包裹好温度传感器的接线端，防止受潮。

4.1.3　观测方法

观测方法有以下几种：

① 空气温度及路表温度与路面结构温度同步观测。

② 空气温度采用温度计观测，在白天观测时，将温度计放在避阳的地方，避免太阳对温度的直晒。

③ 路表温度观测方法：将表面温度计斜放在路面上，金属头与路

表面接触，另一端用木块垫起。等待 3 min，即读取、记录表面温度计的读数。

4.1.4 温度预估模型的验证及修正

为了设计的方便，需要建立连续配筋混凝土基层顶部即沥青面层底部的温度变化预估模型，这涉及沥青面层温度场问题。

多年以来，对于沥青面层温度场，国内外都做了大量研究，文献[19][20]中有详细陈述。由于大多国外的预估模型均采用了时间参数或纬度参数，使得模型过于复杂而不易操作。

吴赣昌教授[21]在国内较先对沥青面层温度场进行研究。该文献利用长春地区 6 月份与 1 月份的温度资料，计算出沥青面层厚度与基层顶面温度的关系，如图 4-2 所示。尽管该模型所依据的数据有限，虽不适于全国各地，但足以说明沥青面层具有较好的温度衰减作用，使得基层顶部降温幅度一般低于大气和路表的降温。

孙立军教授等利用全国各地 1971 年至 2000 年的温度数据以及对各地路面温度实测数据进行回归分析，得到沥青路面温度预估模型。由于我国还有较多地区未能建立太阳辐射观测站，为了设计方便采用简化预估模型，即仅考虑气温情况，忽略太阳辐射的影响。

路面日最高气温与日最低气温简化预估公式分别为

$$T_{pmax} = 3.040 + 0.994 T_{amax} - 0.007 T_{amax} \cdot H$$
$$+ (-1.676H + 0.201H^2$$
$$- 0.008H^3) + 0.498 T_m \tag{4-1}$$

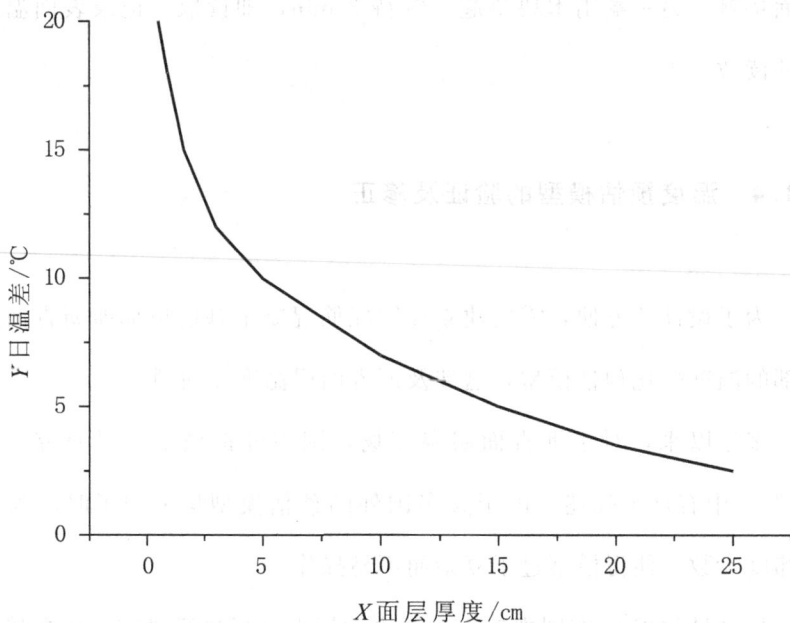

图 4-2　面层厚度与基层顶面温度波幅的关系

$$T_{p\,min} = -3.399 + 0.721 T_{a\,min}$$

$$+ (0.377H - 0.010H^2) + 0.488 T_m \qquad (4-2)$$

式中：$T_{p\,max}$，$T_{p\,min}$——路面日最高、最低气温；℃；

$\qquad$ $T_{a\,max}$，$T_{a\,min}$——日最高、最低气温；℃；

$\qquad\qquad$ H——路面深度；cm；

$\qquad\qquad$ T_m——历年月平均气温；℃。

在研究过程中，通过试验路观测温度数据分析，认为该温度预估模型在当日最低温度＞0 ℃时，能够较好地反映实际温度分布；但当日最低温度＜0 ℃时，存在一定偏差。

通过实测温度数据与气象部门的相关资料表明，7月与1月分别为山东济南地区温度极端月份。这与该地区的气温历史统计相同。本节分别采用 7 月与 1 月的观测数据对模型进行验证。

7 月份，该地区不同测位处的观测日最高温度见表 4-1。

表 4-1　7 月份不同测位处温度观测数据

测　位	气　温	路　表	$H=4$ cm	$H=9$ cm
日最高温度/℃	43	54	49	50
日最低温度/℃	25	26	31	29

表 4-2　7 月份不同测位处温度计算数据

测　位	气温观测值	路　表	$H=4$ cm	$H=9$ cm
日最高温度/℃	43	59	53	52
日最低温度/℃	25	28	30	31
修正日最高温度/℃	43	54	49	49

按照上述预估模型计算温度值见表 4-2。

比较上述两表可知，在 7 月份，计算日最低气温与实测数据基本吻合，但各深度处日最高气温值偏高。故对式（4-1）进行修正，得日最高气温修正式，见式（4-3）。计算结果见表 4-2。

$$T_{p\max} = 3.040 + 0.875T_{a\max} - 0.007T_{a\max} \cdot H$$
$$+ (-1.676H + 0.221H^2$$
$$- 0.008H^3) + 0.498T_m \qquad (4\text{-}3)$$

利用 8 月份实测与计算数据可以再次证明上述模型，见表 4-3。

表 4-3　8 月份不同测位处实测与计算温度数据对比

测　位	气　温	路　表	$H=4$ cm	$H=9$ cm
日最高温度（℃）				
实测值（℃）	30	41	37	35
计算值（℃）		42	37	37
日最高温度（℃）				
实测值（℃）	18	20	29	27
计算值（℃）		22	24	25

1 月份，该地区不同测位处的观测日最高温度见表 4-4。

表 4-4　1 月份不同测位处温度观测及计算数据

测　位	气　温	路　表	$H=4$ cm	$H=9$ cm
日最高温度/℃				
实测值/℃	6	7	8	5
计算值/℃		9	4	4
修正值/℃		6	4	5
日最高温度/℃				
实测值/℃	−8	−9	2	2
计算值/℃		−9	−8	−7
修正值/℃		−8	1	3

可以看出，由式（4-1）、式（4-2）计算得到的数据除路表外，其他数值严重失真，故对其修正为式（4-4）与式（4-5），并将 2 月份实测与计算数据汇总于表 4-5。

表 4-5 2 月份不同测位处实测与计算温度数据对比

测 位	气 温	路 表	$H=4$ cm	$H=9$ cm
日最高温度/℃				
实测值/℃	7	7	7	5
计算值/℃		8	6	6
日最高温度/℃				
实测值/℃	—9	—9	2	3
计算值/℃		—7	2	4

日最高气温修正式：

$$T_{pmax} = 3.040 + 0.5 T_{amax} - 0.03 T_{amax} \cdot H + (-0.95 H$$
$$+ 0.21 H^2 - 0.011 H^3) + 0.498 T_m \qquad (4-4)$$

日最低气温修正式：

$$T_{p\,min} = -3.399 + 0.55 T_{a\,min} + (2.5 H - 0.14 H^2) + 0.488 T_m \quad (4-5)$$

综上所述，根据已有路面特征温度简化预估模型所得到的计算值与试验路实测值有较大出入，路面特征温度值分别采用以下修正公式进行计算：

① 当日最低温度＞0 ℃时，基层顶部日最高气温与基层顶部日最低气温分别为：

$$T_{pmax} = 3.040 + 0.875T_{a\max} - 0.007T_{a\max} \cdot H + (-1.676H$$

$$+ 0.221H^2 - 0.008H^3) + 0.498T_m \tag{4-6}$$

$$T_{p\min} = -3.399 + 0.721T_{a\min} + (0.377H - 0.010H^2) + 0.488T_m$$

$$\tag{4-7}$$

② 当日最低温度<0 ℃时，基层顶部日最高气温与基层顶部日最低气温分别为：

$$T_{pmax} = 3.040 + 0.5T_{a\max} - 0.03T_{a\max} \cdot H + (-0.95H$$

$$+ 0.21H^2 - 0.011H^3) + 0.498T_m \tag{4-8}$$

$$T_{p\min} = -3.399 + 0.55T_{a\min} + (2.5H - 0.14H^2) + 0.488T_m \tag{4-9}$$

式中，T_{pmax}，$T_{p\min}$，$T_{a\max}$，$T_{a\min}$，H，T_m 意义同前。

4.2　设计标准

4.2.1　破坏形式

（1）板边冲断破坏

产生板边冲断破坏，是因为基层在温度荷载作用下产生较多横向裂缝致使基层整体刚度下降，在重复车辆荷载作用下，基层受到面层传递来的冲击荷载，位于裂缝两侧的混凝土在过大冲击下产生松动至剥落，致使裂缝的进一步扩大，使得裂缝间的板丧失纵向传荷能力而成为独立板块。由于横向钢筋主要为构造筋且配筋率很小，过大的横向拉应力会使得板沿纵向迅速断裂，产生板边冲断如图 4-3 所示。

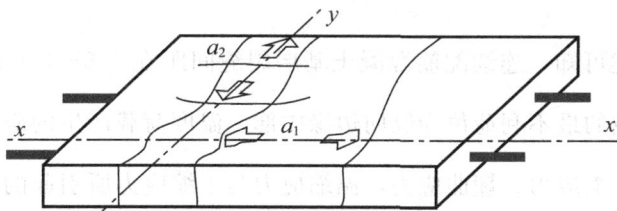

图 4-3 板边冲断破坏示意图

（2）钢筋拉断破坏

产生钢筋拉断破坏，是因为带缝工作的基层常常会受到面层下渗的雨水侵蚀作用。雨水在裂缝处锈蚀钢筋，使得钢筋截面减少，基层纵向配筋率逐渐减小，钢筋所承受的拉应力会迅速增加，而使得钢筋断裂破坏的可能性大为增加。

针对以上破坏现象，在连续配筋混凝土基层厚度计算时采用板底弯拉应力指标，配筋设计时，以钢筋应力、裂缝宽度、裂缝间距为设计指标。

控制裂缝宽度及裂缝间距是连续配筋混凝土基层设计的主要目的之一。通过应力分析可知，较小的裂缝间距时会产生较大的荷载应力，影响路面结构的长久使用，较大的裂缝间距会产生很大的温度应力，所以根据已有 CRCP 路面的设计经验及应力分析，建议连续配筋混凝土基层裂缝间距宜控制在 0.5～3.0 m。研究表明，影响裂缝宽度的主要因素为裂缝间距、配筋率等因素，建议连续配筋混凝土基层允许最大缝宽控制在 1.5 mm 内。

4.2.2　荷载组合

由前述可知，连续配筋混凝土基层裂缝间距在 1.5～3.0 m 时，对于车辆荷载的最不利荷位为纵向边缘中部。温度荷载产生的应力包括温缩应力、干缩应力、翘曲应力，温缩应力与干缩应力所引起的附加应力均在板中位置，所以温度荷载的最不利荷位为板中。

依此，对于连续配筋混凝土基层而言，荷载组合可简化为以下两种情况：

荷载组合 1：板纵向边缘中部车辆荷载应力；

荷载组合 2：板中温缩应力＋干缩应力＋相应位置的翘曲应力。

4.2.3　设计参数

连续配筋混凝土基层设计中的大部分参数，可按现行混凝土路面设计规范取值，部分设计参数可参考下面的方法确定。

（1）混凝土的抗拉强度

混凝土的抗拉强度远比其抗压强度低，通常只有抗压强度的1/10～1/18。由于混凝土是一种脆性材料，内部分布较多的微裂缝，故混凝土抗压强度的提高并

不能显著提高其抗拉强度。混凝土的轴心抗拉强度与立方体抗压强度之间并非线性关系，我国《混凝土结构设计规范（GB 50010—2002)》[35]及《公路钢筋混凝土及预应力混凝土桥涵设计规范（JTG

D62—2004)》[36]，在考虑混凝土收缩、徐变、持续荷载作用、试验变异的因素影响，均采用式（4-10）计算抗拉强度。具体标准值可见表 4-6。

$$f_{tk} = 0.88 \times 0.395\alpha_2 (f_{cu,k})^{0.55} (1 - 1.645\delta)^{0.45} \tag{4-10}$$

式中：f_{tk}——混凝土的轴心抗拉强度标准值；

$f_{cu,k}$——混凝土立方体抗压强度标准值；

α_2——混凝土脆性系数；

δ——混凝土变异系数。

表 4-6 混凝土轴心抗拉强度标准值

混凝土强度等级	C15	C20	C25	C30	C35	C40	C45	C50
f_{tk}/MPa	1.27	1.54	1.78	2.01	2.20	2.40	2.51	2.65

（2）混凝土的弹性模量

根据我国《公路钢筋混凝土及预应力混凝土桥涵设计规范（JTG D62—2004)》[36]，混凝土的弹性模量采用下式计算，得到表 4-7。

$$E_c = \frac{10^5}{2.2 + \dfrac{34.74}{f_{cu,k}}} \tag{4-11}$$

表 4-7 混凝土弹性模量

混凝土强度等级	C15	C20	C25	C30	C35	C40	C45	C50
E_c/(10^4 MPa)	2.20	2.55	2.80	3.00	3.15	3.25	3.35	3.45

（3）钢筋的强度和强性模量

根据我国《混凝土结构设计规范（GB50010—2002)》[35]，钢筋的强度和弹性模量可按表 4-8 取值。

表 4-8 钢筋的强度及弹性模量

钢筋种类	屈服强度 f_{sk}/MPa	弹性模量 E_s/MPa
R235 $d=8\sim20$ mm	235	210 000
HRB335 $d=6\sim50$ mm	335	200 000
HRB400 $d=6\sim50$ mm	400	200 000
KL400 $d=8\sim450$ mm	400	200 000

（4）钢筋与混凝土黏结刚度系数

钢筋与混凝土间的相互作用一般通过两者间的黏结应力与相对滑移的关系来描述，黏结应力一般实际上是指钢筋与混凝土接触面上的剪应力。

为研究钢筋—混凝土的相对滑移与黏结应力的关系，需进行拔出试验或拉伸试验。拔出试验的应力状态与实际状况相差较大，而拉伸试验则要好一些。国内外都曾进行过试验，取得了一些研究成果。

钢筋与混凝土黏结刚度系数 K_s 并不是一个常数，而是与相对滑移 S 有关，徐有邻[39]曾根据钢筋混凝土拉拔试验结果，给出了黏结滑移的极限强度，并认为相对应的滑移值和钢筋直径有关，为 0.368 d_s。西安建筑科技大学[41]对钢筋与混凝土的滑移本构关系也进行过较多的试验研究，得到了许多试验曲线，其中黏结破坏时临界滑移值与文献[38]是基本相同的。根据以上研究成果，最后给定的钢筋与混凝土黏结刚度系数见表 4-9。

表 4-9　钢筋与混凝土黏结刚度系数

混凝土强度等级	C15	C20	C25	C30	C35	C40
K_s(MPa/mm)	16.65	19.79	22.69	25.45	28.04	30.49

现《公路水泥混凝土路面设计规范（JTG D40—2002）》[37]中，钢筋与混凝土黏结刚度系数取为表 4-10。

表 4-10　钢筋与混凝土黏结刚度系数经验参考值

混凝土强度等级	C30	C35	C40
K_s(MPa/mm)	30	32	34

（5）热膨胀系数

混凝土材料的热膨胀系数与水灰比、混凝土龄期、水泥品质、砂含量与骨料种类等许多因素有关，其中骨料种类的影响最显著。文献[24]给出了不同骨料按 1：6 配制的混凝土热胀系数变化情况（表4-11），易见石灰岩配制的混凝土热膨胀系数大，而用石英岩拌制的混凝土热胀系数较小。

表 4-11 不同骨料混凝土的热膨胀系数

骨料种类	石英岩	砂 岩	花岗岩	玄武岩	石灰岩
$\alpha_c/(1\times10^{-5}/℃)$	1.22	1.01	0.86	0.85	0.61

在温度应力分析中可知，混凝土热胀系数的变化将会对内部温度应力产生较大影响，因此，在设计中，有条件时通过室内试验测定混凝土的热胀系数，并通过混凝土配合比设计尽可能地配制热胀系数较小的混凝土，以减少温度应力。

邓学钧等人所著《刚性路面设计》一书中，亦提及混凝土热膨胀系数。详见表 4-12。

表 4-12 文献[9]中不同骨料类型的混凝土热膨胀系数表

骨料种类	热膨胀系数($10^{-5}/℃$)	骨料种类	热膨胀系数/($10^{-5}/℃$)
石英岩	1.188	花岗岩	0.954
砂 岩	1.170	玄武岩	0.864
砂 石	1.080	石灰岩	0.684

（6）钢筋热膨胀系数

钢筋热膨胀系数可取为 $9\times10^{-6}℃$。

（7）设计降温

连续配筋混凝土基层的温缩应力与降温幅度有显著关系。设计中的降温 ΔT 近似取为施工养护期内，所在地区，连续配筋混凝土基层顶部最热月日平均气温与使用工作期内，连续配筋混凝土基层顶部最冷月日平均气温之差。

日平均气温：可近似取作（日最高气温＋日最低气温）/2。

日最高气温与日最低气温采用式（4-6）至式（4-9）进行计算。

（8）混凝土干缩应变

国内外研究认为，混凝土的干缩与其强度有密切关系，强度越大，收缩应变越小，强度越小，收缩应变越大。收缩应变取值可见表4-13。

表 4-13　混凝土干缩与间接拉伸强度的近似关系[31]

间接拉伸强度/MPa	干缩应变	间接拉伸强度/MPa	干缩应变
≤1.1	0.000 8	4.1	0.000 3
2.1	0.000 6	≥4.8	0.000 2
3.1	0.000 45		

我国《公路水泥混凝土路面设计规范（JTG D40—2002）》[37]中，混凝土干缩应变取值见表4-14。

表 4-14　混凝土干缩应变规范取值

混凝土强度等级	C30	C35	C40
连续配筋混凝土干缩应变 ε_{sh}	0.000 45	0.000 3	0.000 2

4.2.4　设计标准

连续配筋混凝土基层纵向配筋设计标准如下。

① 纵向配筋率一般控制为 0.3%～0.6%；

② 混凝土板横向裂缝的平均间距为 0.5～3.0 m；

④ 裂缝宽度最大为 1.5 mm；

④ 钢筋拉应力不超过钢筋屈服强度。

4.3 连续配筋混凝土基层设计

连续配筋混凝土基层结构设计主要包括两项内容：板厚设计及配筋设计。

4.3.1 板厚设计

在连续配筋混凝土基层沥青路面结构中，沥青面层主要为功能层，可以起到防止或减小雨水下渗、防污、抗滑，增加行车舒适度等作用，连续配筋混凝土基层为主要承重层。

目前，国外连续配筋混凝土路面板厚存在两种设计方法，一种即为对于混凝土路面，不论是无筋的、简易配筋的或是连续配筋的，均采用推荐经验厚度或一律采用相同的路面板厚度；一种即为按照普通混凝土板厚进行设计。

日本道路公团根据十年的使用经验，建立了连续配筋混凝土基层板厚与大型车累计交通量的关系图，列于表 4-15，其板厚设计方法倾向于第一种。

表 4-15　日本道路公团最小板厚推荐值　　　　　　　　　　cm

大型车累计交通量/万台	<3 000	3 000~10 000	10 000~20 000	>20 000
正常路段	25	25	28	30
隧道路段	21	22	24	26

在荷兰，连续配筋混凝土基层板厚设计与普通混凝土板厚设计一致，规定最小值为 25 cm。

为了安全设计、方便使用，连续配筋混凝土基层板厚设计综合以上两种设计方法，基层板厚的确定可依据实际使用经验采用最小板厚推荐值，也可直接按照现行规范规定的普通混凝土板厚设计，但不得低于最小经验值。

连续配筋混凝土基层与普通混凝土板厚设计均以板底弯拉应力为控制指标，考虑荷载组合 1。需要注意的是，连续配筋混凝土基层现对于普通混凝土路面而言，在横向接缝处钢筋连续，虽然混凝土发生不同程度裂缝，但裂缝宽度较小且未完全贯通，在裂缝处混凝土间仍存在荷载传递，上述原因会使得板传荷能力增加。板厚设计时，建议采用较小的应力传荷系数 $K_f = 0.7$。

依据国外使用经验，连续配筋混凝土基层板厚最小不得低于 25 cm，推荐厚度为 25~30 cm。

4.3.2　配筋设计

配筋设计主要考虑荷载组合 2。在裂缝间距小于 1.0 mm 的情况下，翘曲应力相对于温缩应力及干缩应力，应力值很小，故在配筋设计中，仅考虑温缩应力与干缩应力，即荷载组合 3：板中温缩应力＋干缩应力。

配筋设计，以混凝土应力为设计指标，以钢筋应力、裂缝宽度为验算指标。由温度应力分析可知：

板中位置混凝土应力：

$$\sigma_c = E_c(a_c\Delta T + \varepsilon_{\text{sh}})\frac{\varphi Lr_3\left[1-\operatorname{sech}(r_3 L)\right]}{\operatorname{th}(r_3 L)+\varphi Lr_3} \qquad (4\text{-}12)$$

板中位置钢筋应力：

$$\sigma_c = E_s\left[\frac{a_c\Delta T\left[Lr_3\operatorname{cth}(r_3 L)-1\right]}{\varphi Lr_3\operatorname{cth}(r_3 L)+1}+a_s\Delta T\right] \qquad (4\text{-}13)$$

裂缝宽度：

$$w_c = \frac{2(1+\varphi)(\alpha_c\Delta T+\varepsilon_{\text{sh}})L}{\varphi L\gamma_3\operatorname{cth}(\gamma_3 L)+1} \qquad (4\text{-}14)$$

其中：$L = 1/2S$，$\varphi = pn$，$\gamma_3 = \sqrt{\dfrac{4k_s}{d_s Es}(1+\varphi)}$

S——裂缝间距，mm；

p——配筋率，%；

n——钢筋与混凝土的模量比，%；

d_s——钢筋直径，mm；

E_s，E_c——钢筋与混凝土的弹性模量，MPa；

K_s——钢筋与混凝土间的黏结刚度系数，MPa/mm；

ΔT——设计降温，℃；

ε_{sh}——混凝土远期干缩应变，%。

设计指标：

$$\sigma_c \leqslant [\sigma_c] \qquad (4\text{-}15)$$

验算指标：

$$\sigma_s \leqslant [\sigma_s] \tag{4-16}$$

$$w_c \leqslant [w_c] \tag{4-17}$$

4.4　结构设计步骤

连续配筋混凝土基层结构设计确定的主要参数有：裂缝间距、配筋率、纵向钢筋直径（或纵向钢筋间距）、板厚、配筋位置及横向配筋率等。

结构设计步骤为：

第一，根据相关规范或经验，确定荷载、材料及结构参数。

第二，确定混凝土合理厚度，可按照普通混凝土路面设计步骤进行板厚设计。

① 根据交通资料进行轴载换算，计算交通流量，确定结构等级，初步估算板厚；

② 计算临界荷位处的荷载应力；

③ 计算荷载疲劳应力与翘曲应力；

④ 根据混凝土弯拉强度，验算板底应力；

⑤ 反复调整板厚，至满足验算要求；

⑥ 与板厚最小经验值进行比较，确定合理厚度。

第三，配筋设计。

① 根据当地气象资料及温度统计数据，确定设计降温；

② 合理选择混凝土强度等级以及钢筋类型与直径；

③ 初选纵向配筋率，假定板内混凝土温度应力等于其抗拉强度标准值，计算该状态下自行开裂的裂缝间距；

④ 根据裂缝间距指标，反复调整纵向配筋率，至满足要求；

⑤ 验算裂缝宽度、钢筋应力；

⑥ 不满足配筋验算指标时，需调整纵向配筋率，重新进行设计；

⑦ 确定纵向配筋位置及配筋形式；

⑧ 确定横向配筋率、横向配筋间距或钢筋直径。

依据上述设计步骤，本节计算了选用 $\phi 14$ mm 的螺纹钢筋时，不同混凝土强度等级，取不同设计降温时的配筋极限，汇总于表4-16。

表 4-16　极限配筋设计表

混凝土强度等级	降　温/℃				
	－60				
	p	L	ω_c	σ_c	σ_s
C30	0.56	466	0.91	3	335
	0.8	360	0.7	3	263
	标准值			3	335
C35	p	L	ω_c	σ_c	σ_s
	0.7	458	0.75	3.2	335
	0.8	414	0.68	3.2	305
	标准值			3.2	335
C40	p	L	ω_c	σ_c	σ_s
	0.87	451	0.64	3.5	335
	标准值			3.5	335

续　表

混凝土强度等级	降　温/℃				
	－50				
	p	L	ω_c	σ_c	σ_s
C30	0.5	560	0.98	3	333
	0.8	388	0.68	3	234
	标准值			3	335
	p	L	ω_c	σ_c	σ_s
C35	0.65	543	0.8	3.2	327
	0.8	458	0.66	3.2	277
	标准值			3.2	335
	p	L	ω_c	σ_c	σ_s
C40	0.8	549	0.67	3.5	332
	标准值			3.5	335

混凝土强度等级	降　温/℃				
	－40				
	p	L	ω_c	σ_c	σ_s
C30	0.45	685	1.06	3	322
	0.8	425	0.66	3	202
	标准值			3	335

续　表

混凝土强度等级	降　温/℃				
	−40				
	p	L	ω_c	σ_c	σ_s
C35	0.6	668	0.82	3.2	316
	0.8	518	0.64	3.2	247
	标准值			3.2	335
	p	L	ω_c	σ_c	σ_s
C40	0.7	710	0.72	3.5	335
	标准值			3.5	335

混凝土强度等级	降　温/℃				
	−30				
	p	L	ω_c	σ_c	σ_s
C30	0.4	875	1.17	3	304
	0.8	474	0.64	3	167
	标准值			3	335
	p	L	ω_c	σ_c	σ_s
C35	0.5	947	0.96	3.2	326
	0.8	605	0.62	3.2	211
	标准值			3.2	335

续　表

混凝土 强度等级	降　温/℃				
	−30				
	p	L	ω_c	σ_c	σ_s
C40	0.65	990	0.79	3.5	332
	标准值			3.5	335

混凝土 强度等级	降　温/℃				
	−20				
	p	L	ω_c	σ_c	σ_s
C30	0.3	1 375	1.54	3	310
	0.8	540	0.62	3	124
	标准值			3	335
C40	0.4	1 485	1.2	3.2	325
	0.8	744	0.61	3.2	167
	标准值			3.2	335
C40	0.55	1 580	0.93	3.5	325
	标准值			3.5	335

说明：① C30 与 C35 计算有最小及最大配筋率，C40 仅计算有最小配筋率；

② p 为纵向配筋率（%），L 为 1/2 裂缝间距（mm），ω_c 为裂缝宽度（mm）σ_c 为混凝土应力（MPa），σ_s 为钢筋应力（MPa）。

　　根据有关气象及观测数据，在我国大部分地区，连续配筋混凝土基层设计降温一般在 20～50 ℃，路用混凝土强度等级通常取 C30 与 C35。因此，连续配筋混凝土基层的纵向配筋率通常可取为 0.3％～0.6％，冰冻地区依据计算结果具体确定。

　　由于沥青面层具有较好的温度衰减作用，使得基层顶部降温幅度一般低于大气和路表的降温。所以，连续配筋混凝基层相对于 CRCP，设计降温较小，其纵向配筋率较低。因此，连续配筋混凝基层，较 CRCP 会降低投资成本。

5

试验路合理设计及铺筑

为深入研究连续配筋混凝土基层沥青路面在重载交通下的结构行为，提高重载公路的耐久性，项目组在济聊馆高速公路德州大修段（齐河县境内）铺筑试验路段。

德州为山东省的一个地级市，处于北纬 37°，东经 116°，现辖 11 个县市区、125 个镇，8 300 多个村，总面积 10 000 km²，人口 530 多万。黄河傍境而过，境内属黄河冲积扇平原，耕地丰实而肥饶，属暖温带大陆性季风气候，四季分明，阳光充足，雨热同季。年平均气温 13.1 ℃，平均降水 600 mL。齐河县位于德州市偏南约 150 km，距省会济南约 30 km，气候状况与济南基本相同。

济聊馆高速公路是连接济南与聊城及河北馆陶的高速公路。该路于 1997 年竣工通车。由于其重要的交通位置，近年来交通量增长较快，加之超限超载车辆破坏，路面出现了坑槽、车辙、裂缝以及桥头跳车等病害。此大修工程维修主要是将超车道、行车道原路面底基层以上部分全部铣刨，重新铺设路面面层和基层。济聊馆高速公路德州段全长 40 km，分别将（K20＋530）～（K21＋000)(2004 年铺筑）和（K1＋600）～（K4＋556)(2005 年铺筑）段右半幅作为试验段。原路面结构及试验路段结构见表 5-1。

表 5-1　试验段路面结构类型

结构编号	结构形式	起讫桩号	路面结构图
原路面结构	4 cm 抗滑表层 ＋4 cm 中粒式沥青混凝土 ＋6 cm 粗粒式沥青混凝土 ＋15 cm 二灰碎石 ＋15 cm 二灰土 ＋15 cm 石灰土	—	4 cm抗滑表层 / 4 cm中粒式沥青混凝土 / 6 cm粗粒式沥青混凝土 / 15 cm二灰碎石 / 15 cm二灰土 / 15 cm石灰土（59 cm）
结构一	4 cm 抗滑表层 ＋5 cm 中粒式沥青混凝土 ＋25 cm 连续配筋混凝土 ＋20 cm 水泥稳定碎石	K20＋530～K21＋000	4 cm抗滑表层 / 5 cm中粒式沥青混凝土 / 25 cm连续配筋混凝土 / 20 cm水泥稳定碎石 / 15 cm场拌石灰土（54 cm）

续　表

结构编号	结构形式	起讫桩号	路面结构图
结构二	5 cm改性沥青抗滑表层（SMA-13） ＋6 cm中粒式沥青混凝土（AC-20） ＋25 cm连续配筋混凝土 ＋18 cm水泥稳定碎石 ＋12 cm级配碎石 ＋18 cm生石灰稳定土	K1＋600 ～ K4＋556	5 cm抗滑表层 6 cm中粒式沥青混凝土 25 cm连续配筋混凝土 18 cm水泥稳定碎石 12 cm级配碎石 18 cm生石灰稳定土 （66 cm）

5.1　连续配筋混凝土基层设计

5.1.1　板厚设计

由于济聊馆高速公路全线采用表5-1中的原路面结构，近年来在实际重交通荷载下出现不同程度的破坏。依据经验，推荐采用板厚最小值为25 cm。

5.1.2　配筋设计

（1）钢筋的选择

由第 4 章分析可知，HRB335 Ⅱ 螺纹钢筋与混凝土间有很强的黏结性能，并且有较高的屈服强度，因此首选 HRB335。

由图 3-21 可知，计算温缩应力时，在相同配筋率和外部荷载条件下，配筋方式不同，路面内钢筋和混凝土的应力和位移状态不同，尤其是对钢筋的应力影响较大。例如，在相同配筋率取为 0.4％ 的情况下，选用 $\phi 18$ mm 的钢筋直径计算的钢筋应力远远大于选用 $\phi 14$ mm 计算的钢筋应力。

此外，在相同降温、相同极限配筋率的条件下，分别选用 $\phi 12 \sim \phi 22$ mm 的钢筋直径。计算知，裂缝间距由 0.91 mm 扩大到 1.24 mm，钢筋与混凝土间的黏结应力由 14.7 MPa 扩大到 19.9 MPa。可见，选用直径较小的钢筋更为对结构更为有利。

当钢筋直径小于 12 mm 时，相同配筋率下，过小的钢筋间距可能会不满足净保护层厚度要求。另外，考虑到施工要求，过小的钢筋直径不仅增加工作量，而且由于钢筋网过密使得难以振捣。

所以，配筋设计时，建议选用 $\phi 12 \sim \phi 18$ mm 的螺纹钢筋。

试验段选用 $\phi 14$ mm 的螺纹钢筋。

（2）合理选择混凝土强度等级

由表 4-16 可看出，混凝土强度等级对配筋率影响显著，混凝土由

C30 到 C40，最小配筋率由 0.55％上升到 0.85％，增加了 56％。为探其原因，将不同强度等级的混凝土，在相同降温与相同配筋率条件下，板内混凝土及钢筋最大应力汇总于表 5-2。

表 5-2　板内混凝土及钢筋最大应力计算

混凝土强度等级	ε_{sh}	$\Delta T/℃$	P	S/mm	σ_c/MPa	σ_s/MPa
C30	0.000 45	−30	0.004	1 710	3.0	297
	标准值				3.0	335
C35	0.000 3	−30	0.004	2 310	3.2	395
	标准值				3.2	335
C40	0.000 2	−30	0.004	3 150	3.5	519
	标准值				3.5	335

混凝土板的自行开裂是由于在温度荷载作用下，板内混凝土温度应力超过其抗拉强度标准值所致。在表 5-2 中，选用强度较高的混凝土，虽然提高了抗拉强度，减小了混凝土干缩应变，但由于选用相同屈服强度的钢筋，在相同降温与相同配筋率条件下板内混凝土应力 σ_c 达到其抗拉强度标准值时，自行开裂的裂缝间距 S 会使得板边钢筋应力 σ_s 急剧上升，可能将超过屈服强度造成钢筋拉断破坏。因此，为了避免钢筋拉断破坏的产生，选用高强度混凝土，必须相应提高配筋率。

综上，选用高强度混凝土，虽可以减小混凝土板厚，但需要大量增加钢筋用量，且需要高强度水泥，易造成经济与材料的浪费。所以对于一般地区，建议尽量不要采用 C40 及以上的水泥混凝土。本试验路段采用 C35 水泥混凝土。

(3) 合理选择施工季节与施工时间

合理的施工季节与施工时间对配筋设计同样十分重要，主要是其影响设计降温的计算。由表 4-16 可知，设计降温为配筋率的显著影响因素之一。为了经济合理的确定配筋率，关键之一就是要合理选择施工季节与施工时间。因此，选择施工季节与施工时间要以与设计日最高温度相符为原则。

同时，考虑根据《水泥混凝土路面施工技术规范（JTG F30—2003)》[38]要求，现场气温高于 40 ℃；拌和物摊铺温度高于 35 ℃；摊铺现场连续 5 昼夜平均气温低于 5 ℃，夜间最低气温低于 −3 ℃时，必须停止施工。据此，试验路段选择在月平均温度约 26 ℃，日最高温度约 30 ℃的 8 月份进行施工。

(4) 纵向配筋率的确定

设计降温的计算：

施工养护期内最热月 8 月份 $T_{a\,min}=18$ ℃，$T_{a\,max}=30$ ℃，$H=9$ cm，$T_m=26.3$ ℃，计算得到：$T_{p\,max}=37$ ℃，$T_{p\,min}=25$ ℃。

使用工作期内最冷月 1 月份 $T_{a\,min}=-10$ ℃，$T_{a\,max}=8$ ℃，$H=9$ cm，$T_m=-0.4$ ℃，计算得到：$T_{p\,max}=5$ ℃，$T_{p\,min}=3$ ℃。

所以，$\Delta T=(37+25)/2-(5+3)/2=27$ ℃，取设计降温 −25 ℃。

根据第 4 章的设计方法，设计降温－25 ℃，采用 C35 水泥混凝土，ϕ14 mm 螺纹钢筋，计算得到纵向配筋率为 0.44％。由于温度预估模型以及材料参数存在一定误差，为了探讨低配筋状况下道路结构的使用性能，试验路段纵向配筋率采用 0.4％。

（5）横向钢筋的设置

横向钢筋的设计，按照《公路水泥混凝土路面设计规范（JTG D40—2002）》[37] 连续配筋混凝土路面的要求进行。横向钢筋与纵向钢筋类型、直径均相同，位于纵向钢筋之下放置，间距取为 70 cm。

为了研究横向钢筋放置角度对基层的影响，分别在两次试验路段中采用 90°与 60°夹角，如图 5-1 和图 5-2 所示。

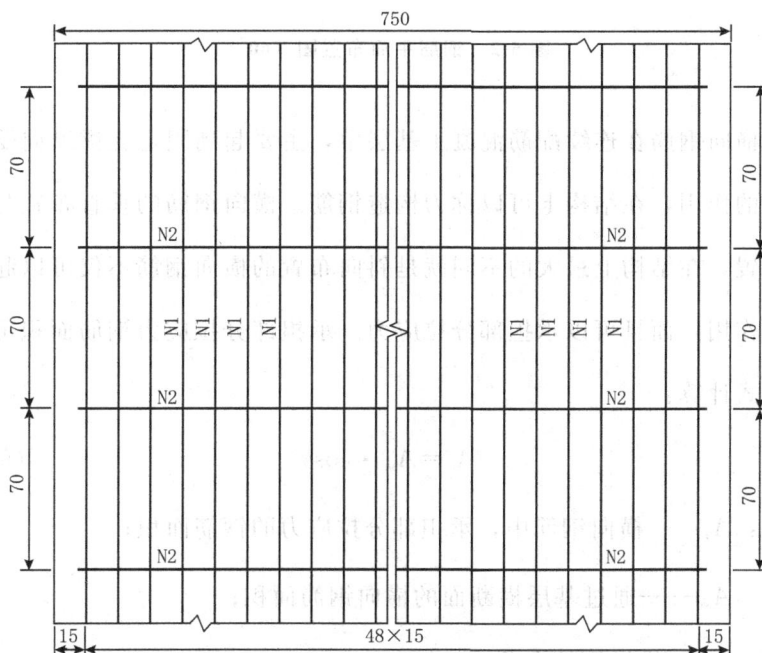

图 5-1　钢筋平面布置图（90°）

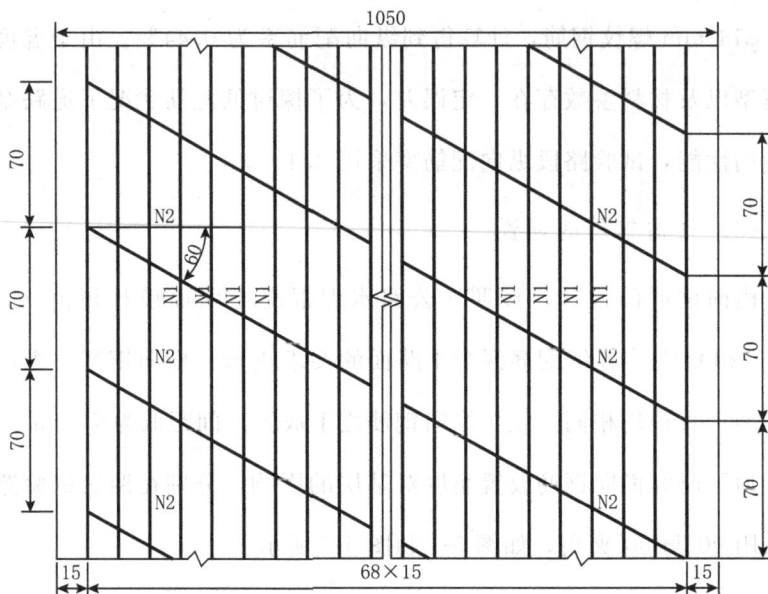

图 5-2　钢筋平面布置图（60°）

横向钢筋在连续配筋混凝土基层中，主要起到固定支撑纵向受力钢筋的作用，在结构上可以称为构造钢筋。横向钢筋的垂直布置与斜向布置，在结构上最大的不同就是斜向布置的横向钢筋不仅可以起到构造作用，而且可以承担部分拉应力。承担部分拉应力钢筋面积可通过下式计算：

$$A_\sigma = A_{sh} \cdot \cos\theta \qquad (5\text{-}1)$$

式中：A_σ——横向钢筋中，承担部分拉应力的钢筋面积；

A_{sh}——通过基层横断面的横向钢筋面积；

θ——横纵钢筋夹角。

斜向布置横向钢筋不仅增加了混凝土板的整体性，而且较垂直布置更为经济。以试验路段设计的 90°与 60°夹角布置为例：基层混凝土板宽 7.5 m，纵横均采用 φ14 螺纹钢筋，纵向配筋率采用 0.4％，左右各设 15 cm 净保护宽度，每 10 延米，90°布置需用横向钢筋 108 m，60°布置需用横向钢筋 117.11 m。尽管 60°布置每 10 延米增加 9.11 m 钢筋，但因增加了承担拉应力的横向钢筋面积，使得纵向配筋率间接增加约 0.02％，即 60°布置的设计实际纵向配筋率为 0.42％。依此计算，若 90°布置的设计，若采用纵向配筋率为 0.42％时，比 60°布置时的纵向钢筋每 10 延米增加 15 m。由此可见，针对该设计，在相同实际纵向配筋率下，60°斜向布置横向钢筋，每 10 延米，将会节约钢筋 15～9.11＝5.89 m，约占钢筋总用量的 1％。

以上从经济角度对两种布筋形式进行了比较。若从安全角度考虑，相同纵向配筋率下，60°斜向布筋形式，使得纵向配筋率间接增加约 0.02％，由表 4-16 可知，增加 0.02％的纵向配筋率，与设计降温增加 5 ℃以上的效果大致相同。可以这样理解，斜向布置横向钢筋，在相同纵向配筋率下，较垂直布置设计，约有降温 5 ℃的安全储备。

因此，连续配筋混凝土基层设计，推荐采用斜向布置横向钢筋的结构形式。

(6) 纵向钢筋布筋位置的确定

纵向钢筋在连续配筋混凝土基层中，主要承受温度荷载引起的拉应力。布筋位置可以设在距板顶 1/2～1/3 厚度范围内，试验路段分别采用了以下两种设计：

形式Ⅰ：布筋位置设在距板顶 1/2 处（如图 5-3 所示）；

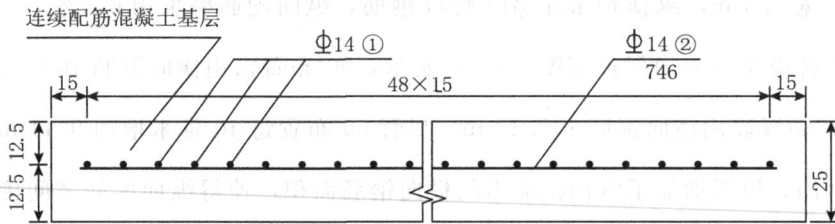

图 5-3　纵向钢筋布筋位置形式 Ⅰ（钢筋直径单位为 mm，其余单位为 cm）

形式 Ⅱ：布筋位置设在距板顶 1/3 处，如图 5-4 所示。

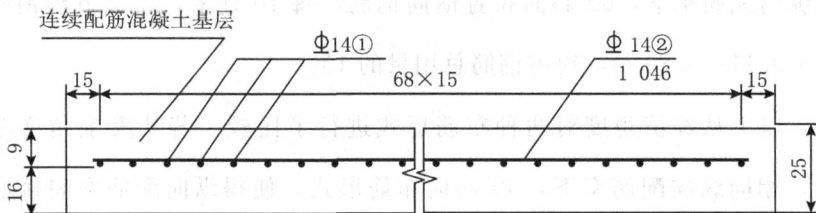

图 5-4　纵向钢筋布筋位置形式 Ⅱ（钢筋直径单位为 mm，其余单位为 cm）

　　布筋位置主要考虑钢筋的净保护层厚度要求。在满足净保护层厚度要求的前提下，本书推荐布筋位置尽量靠近顶部，即设在距板顶 1/3 处的位置。在混凝土基层中设置纵向钢筋，其承担了大部分温度应力。钢筋将带横向裂缝的混凝土板紧紧拉在一起，协同工作。由于钢筋的存在，使得裂缝宽度趋于稳定，并限制在控制范围内。钢筋位置上移，可以更有效控制顶部一定范围内的裂缝宽度，这有助于避免或减少雨水下渗等环境侵蚀作用。

5.2 连续配筋混凝土基层施工技术

连续配筋混凝土基层施工，关键之一就是合理选择施工季节与施工时间。本章对其有所介绍，在此不再论述。下面主要介绍施工步骤及注意事项。

混凝土的搅拌可采用强制式混凝土拌和机，也可采用商品混凝土。混合料的运输采用 10 吨以上自卸汽车或专用输送车。模板采用普通水泥混凝土路面施工模板（钢模或木模），按横向钢筋间距在模板上打孔，直径可使得横向钢筋能够穿过。纵向钢筋采用电焊机现场焊接，若施工实力允许，在满足技术指标的情况下，最好采用对焊机，并采用自制的专用设备，保证钢筋网定位准确。另外还应该有普通水泥混凝土路面施工必备的发电机、照明、混合料振捣、自行式双辊轴提浆滚杠、压纹机等设备。

（1）测量放线

精确测放出锚固地梁位置及混凝土基层两侧施工边线，将边线用墨线精确标出。

按照设计要求，结合纵向钢筋间距、边距、横向钢筋间距、横向钢筋布置角度等，将钢筋布设位置用墨线精确标出。

在关键处（钢筋起始断面，整桩号处，地梁处等），放线需要设置栓桩。

（2）施工前准备

原材料如钢筋、水泥、碎石、砂、水要求，严格按照设计规定进行检查。特别对钢筋进行抗弯拉疲劳及抗拉试验，合格后方可使用。钢筋的锈蚀强度对钢筋与混凝土的黏结强度有一定影响，在施工中除严重锈蚀钢筋外，钢筋及水泥的存放要求满足防水防潮条件。

在大面积浇筑基层前，按照设计要求，在地梁设计处开挖锚固地梁 2~3 道，断面尺寸为长 10.5 m、宽 0.6 m、深 1.5 m。地梁槽沟立面不允许有松动，将槽沟底面用砂浆抹平；然后将绑扎好的钢筋网架放入沟槽内，准确进行定位并固定；使用混凝土输送车将严格按照配合比拌和的混凝土运至现场，用手推车倒料浇注混凝土，混凝土地梁顶面可不进行抹光处理，便于与基层混凝土的结合。同时对底基层顶面人工进行清扫。

（3）立模

施工时严格按照已经标注的边线立内外侧模板，用钢钎及木楔将模板固定牢固，模板与底基层之间缝隙用高等级砂浆抹缝处理。立模时严格控制模板顶高程，误差范围应在设计高程±3mm 范围内。

（4）布设钢筋

沿已经划好的墨线，将钢筋摆放到位。首先进行纵向钢筋的焊接，非对焊施

工时，焊接位置错开，每断面焊接接头数量不得超过 1/2，单面焊搭接长度不小于 20 cm，双面焊搭接长度不小于 10 cm；在纵向钢筋上面布设横向钢筋，若不能整幅摊铺，在纵向施工缝处要预留

30 cm横向钢筋便于横向焊接；用铅丝将横向、纵向钢筋进行绑扎，要求绑线至少双股；照设计高度准确固定钢筋网，钢筋定位可以采用以下四种方法：一是混凝土块垫支法，二是钢筋支架垫支法，三是内置式滑模支架法，四是吊环法。

（5）浇注混凝土

浇注混凝土以前，使用洒水车将结合面（底基层表面）冲洗干净，鼓风机吹净也可。

拌和设备采用强制式混凝土拌和机，每盘料最短拌和时间不少于90 s；出料塌落度按照配合比提供的8～10 cm控制，如果料物运至现场后塌落度损失较大，可将出料塌落度适当增大；混凝土使用混凝土输送车或自卸汽车进行运输，运抵现场后用卸料滑槽进行混凝土布料，卸料方向自外向内进行；每车混凝土布料完毕后首先使用插入式振捣棒进行振捣，以表面开始泛浆时停止，振捣后，顶面应高出两侧模板5 mm左右并基本平整；然后使用振动梁进行振动整平，振动整平共计2遍，每一遍在前进时振动，后退时静压；使用刮杆对表面进一步进行整平，并将多余浮浆刮出，在人工收面结束后、混凝土初凝前进行横向拉毛处理。

（6）混凝土养生

混凝土浇筑完成初凝后立即用保湿棉覆盖并经常洒水，保持湿润状态养生不少于7 d，撒水量视施工温度、天气而定。

（7）施工注意事项

① 在浇筑连续配筋混凝土前，在工段附近要求布设临时高程控制

点，对浇筑前后混凝土进行精确测量，以确定浇筑后的混凝土厚度及高程达到设计要求。

②严格对原材料进行检验，根据原材料含水量进行施工配合比调整，严格按照配合比进行混凝土拌和。

③精确测量支架与钢筋网的高度，以确保钢筋位置的正确和保护层厚度，浇筑混凝土时，施工人员及机具尽量不要踩踏在钢筋网上。

④连续配筋混凝土要振捣密实，并保持接缝紧密防止漏浆。

⑤严格控制拉毛时间，掌握好拉毛深度，对浮浆处及时处理。

6

日本铺装新技术与连续配筋
混凝土基层使用案例

6.1 机场沥青道面半柔性材料修补设计

6.1.1 概述

在国际机场或其他机场，采用沥青材料铺筑的道面均出现不同程度的车辙等过大变形。水泥混凝土在抵抗变形方面具有明显优势，但由于其施工期较长，所以不适于道面地快速修补。在日本，半柔性材料已经成功地使用在高速公路收费站等道路工程中。考虑到其良好的抗变形性能及施工工期短等因素，半柔性材料成为机场罩面的首选材料。该材料主要由水泥、沥青及矿料等掺配而成，不但可以改善沥青混合料的稳定性，还能克服水泥混凝土养生期长的弱点。

日本学者通过室内试验，对母体沥青混合料的配合比、单层施工可能厚度、交通开放可能时间、重复荷载作用下的应变等进行研究，以掌握半柔性材料的特殊性能；通过铺筑试验道面，研究半柔性材料罩面施工技术；通过疲劳试验，对结构在重复飞机荷载作用下的承重特性进行探讨，以验证结构的安全性能。选择滑行跑道、停机坪、车辆通行坡道、机材放置场等作为铺装区域，开展了半柔性材料机场罩面设计的研究工作。本书将介绍日本采用半柔性材料对机场沥青道面进行罩面的研究近况。

6.1.2 半柔性材料的适用性

（1）试验概述

① 室内试验。在室内试验中，采用母体沥青混凝土的配合比见表6-1、表6-2为母体沥青混合料的层厚，表6-3为水泥浆配合比。水泥浆注入时，母体沥青混凝土的温度分别选择为 20 ℃（标准温度）、50 ℃（铺装施工便览）及 80 ℃。对混合料做 Wheel Tracking（车辙）试验、弯曲试验、弯曲疲劳试验同时测定母体沥青混合料的密度和水泥浆填充率等指标。

表 6-1　母体沥青混合料的配比

配　比	稳定度/KN	空隙率	沥　青
M—1	3.5 以上	23	改　性
M—2	3.5 以上	25	改　性
M—3	3.0 以上	27	改　性
S	3.0 以上	25	直溜沥青

表 6-2　母体沥青混合料的层厚

厚度/mm	层数·厚度/mm
50	1 层·50
100	1 层·100
150	2 层·50（上）＋100（下）
200	2 层·100（上）＋100（下）

表 6-3　水泥浆的配比

水灰比/%	单位用量（kg/m³）		
	水　泥	水	缓凝剂
40	1 330	532	2.66

② 施工试验。试验选择在 $6×5$ m² 的旧沥青道面板上，分别加铺厚 100 mm 和 200 mm 的半柔性材料面层。旧机场道面，设有 230 mm 基层及沥青混凝土面层。作为半柔性材料的母体沥青混合料，依据室内试验，采用表 6-1 中的 M-2，温度为 80 ℃ 时灌入水泥浆。200 mm 厚的试验路段，以单层厚 100 mm 两层施工，两次注入水泥浆。施工中，以母体沥青混合料的空隙率及水泥浆填充率作为控制指标。施工一周后，大型喷气式飞机 B-747 的主轮荷载（单轮）在试验道面上重复作用 1 000 次，以研究道面结构的承载性能。采用 FWD 在重复动载试验前后分别进行弯沉检测，调查 250 kN 荷载作用下道面状况，并研究切缝处半柔性材料与原沥青混凝土层间的接触状况。道面试验如图6-1所示。

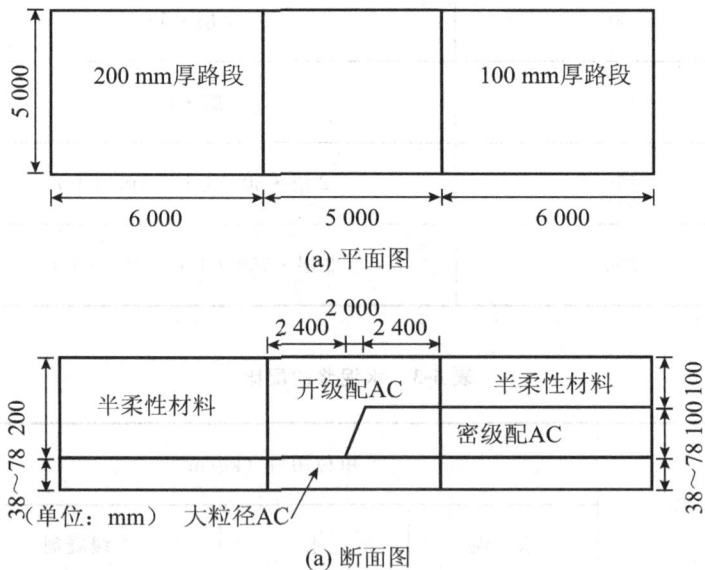

(a) 平面图

(a) 断面图

图 6-1　道面试验

（2）材料选择及施工要求

母体沥青混合料的沥青材料采用改性沥青，骨料最大粒径 20 mm，混合料空隙率 25％，要求马歇尔稳定度在 3.5 kN 以上（试件采用双面击 50 次），最佳沥青用量为 3.1％；水泥材料采用超早强水泥（加水 2～3 h 后，抗压强度可达 5～20 MPa），水灰比为 40％；缓凝剂要求在 20 ℃ 的条件下确保 30 min 的工作时间，与水泥的质量比为 0.002；加水 30 min 后，半柔性材料的流值（同维勃稠度试验，容器直径 200 mm）控制在 10～14 s，室内试验为 12.1 s。

因快速修补的需要，水泥浆灌入时，控制母体沥青混合料的内部温度为 80 ℃。这与铺装施工便览规定的 50 ℃ 要求相一致，施工中发现（图 6-2）：层厚 100 mm 沥青混合料碾压后，由 140 ℃ 以上降至 50 ℃

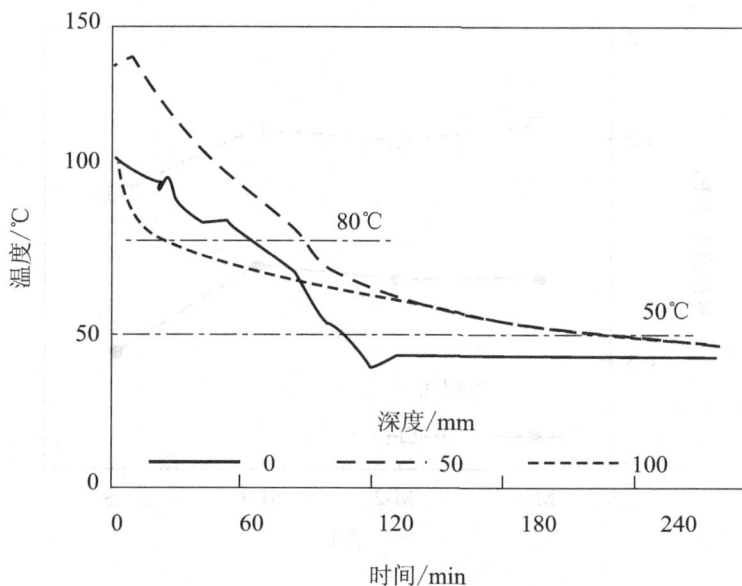

图 6-2　沥青混凝土的温度变化

以下至少需要 180 min，若降至 80 ℃以下只需 90 min。如此推算，即使层厚 200 mm 温度降至 80 ℃以下也只需 180 min。考虑到单层施工的可能厚度，所以采用 80 ℃的施工温度。

通过比较两个龄期下（在母体沥青混合料温度 80 ℃灌入水泥浆的条件下，龄期选择 1 h 和 2 h）的弯曲强度、极限应变及变形系数，选择沥青的种类。图 6-3 为四种母体沥青混合料的弯曲强度变化图。选用改性沥青材料的母体沥青混合料，龄期 1 的弯曲强度为 0.9 MPa，到龄期 2 可达到 1.5 MPa。选用直溜沥青材料的母体沥青混合料，龄期 1 的弯曲强度为相同龄期的改性沥青母体沥青混合料的 60%，到龄期 2 时也超不过其 80%，考虑到强度要求，优选改性沥青。

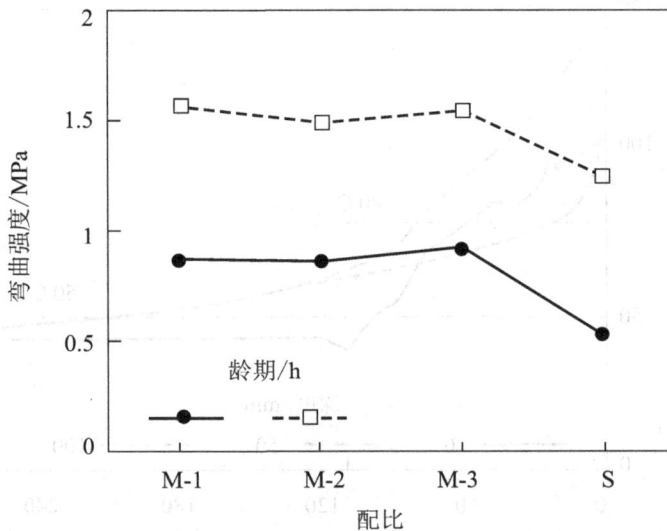

图 6-3　材料弯曲强度随龄期的变化

单层施工可能厚度，主要由母体沥青混合料的空隙率所决定。母体空隙率越小，填充率越小，单层施工可能厚度就越小。水泥浆填充母体沥青混合料空隙的比例即为填充率，其沿厚度方向的分布情况如图 6-4（单层施工）。当单层施工厚度超过 150 mm 时，其底部的填充率平均较低。此外，考虑到压实效果，单层施工可能厚度最大不能超过 100 mm。当层厚为 150 mm，200 mm 时，必须分两层施工，单层施工完毕后从上表面灌入水泥浆（母体沥青混合料温度为 80 ℃）。综合来讲，单层施工厚度越大，其底部填充率越小，单层施工可能厚度上限为 100 mm。

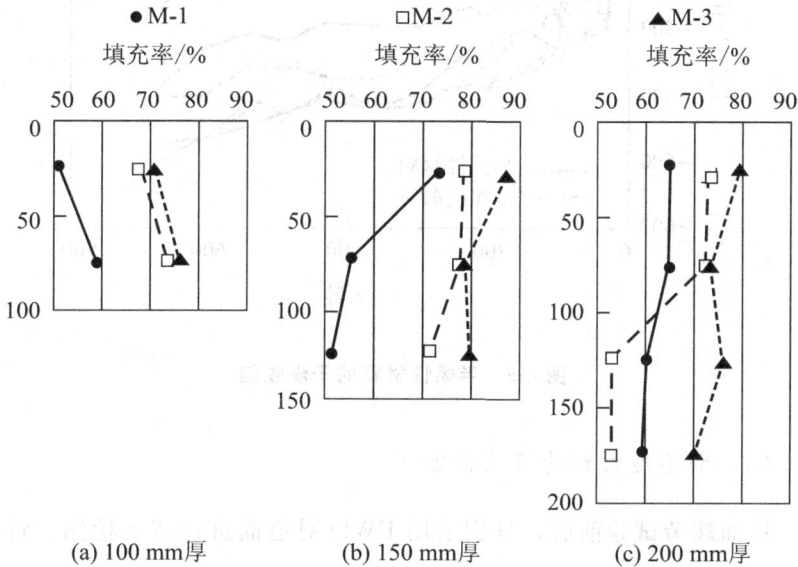

图 6-4 填充率沿深度方向的变化

铺筑完母体沥青混合料，灌入水泥浆，必须在半柔性结构层设置切缝。图 6-5 表示材料收缩随时间的变化情况（室内试验结果）。

半柔性材料虽然不同于路用水泥混凝土，但也必须处理因干缩变形过大带来的问题。施工试验中（厚 200 mm 路段），对不同切缝间距的裂缝情况进行了比较，得知切缝间距 6 m 较为适宜。对于水泥混凝土道面的切缝间距，日本学者普遍认为要在板厚的 21～25 倍以下，因与下层的层间接触情况不同，上述规律不适于半柔性材料结构。

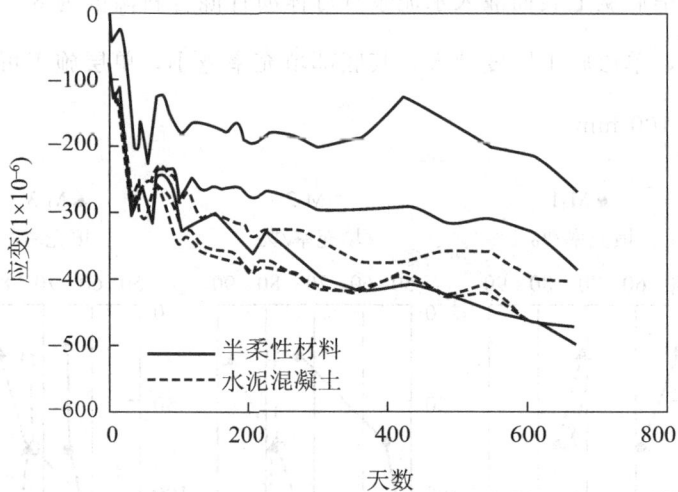

图 6-5　半柔性材料的干燥收缩

（3）半柔性材料的路用性能

道面疲劳试验前后，分别采用 FWD 对道面进行弯沉检测，将弯沉曲线进行逆向解析，反算得到各层的弹性模量。比较疲劳试验前后的各层弹性模量后，认为重复动载作用对两种试验路段的影响不大，说明两种结构在 1 000 次的重复动载下具有较好的承载能力。图 6-6 表示按照多层弹性层状理论反算得到的解析解。

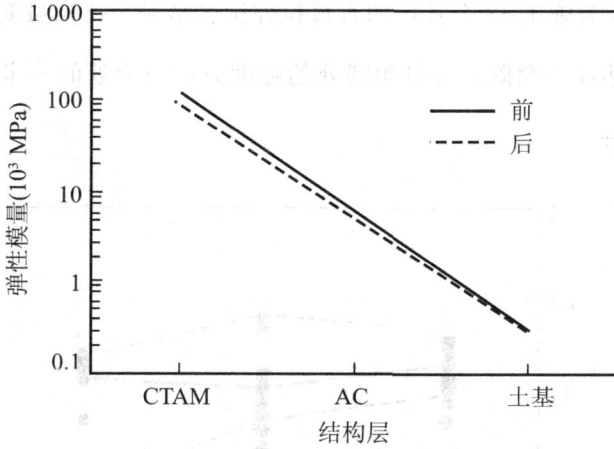

图 6-6　重复动载试验前后的弹性模量变化

（100 mm 厚路段）

图 6-7 表示面层厚度为 100 mm 路段的横向累计变形分布图。可以看到，最大车辙为 1 mm，说明重复动载对道面影响不大，不必进行修补处理。

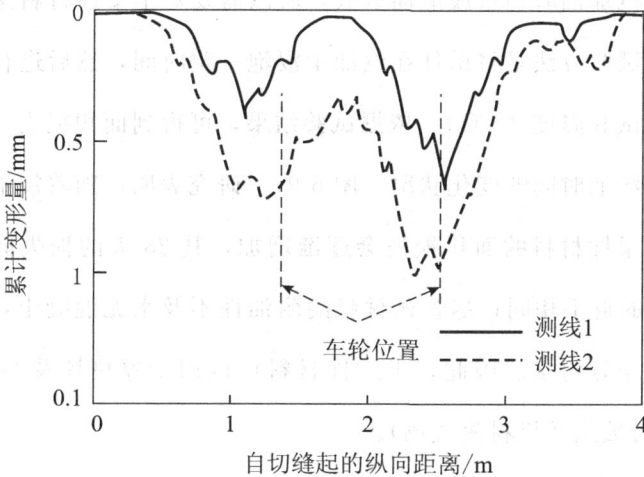

图 6-7　累计变形的横向分布

图 6-8 为施工 42 个月后的直接拉伸试验结果。抗拉强度依次为板中＞切缝边缘＞角隅，并且角隅处的强度只有板中处的一半，层间接触状况良好。

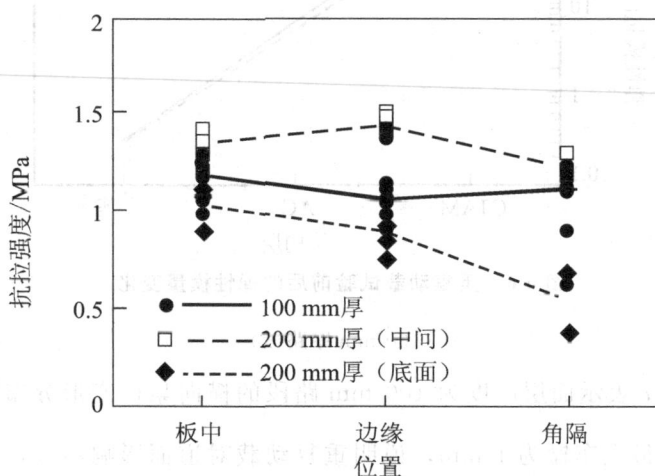

图 6-8　不同作用位置处的抗压强度

因飞机加油时易造成泄油事故，所以需要对半柔性材料进行耐油性研究。试验方法是将试件在汽油中浸泡一定时间，然后进行磨耗剥落试验（试验温度 20 ℃）。依据试验结果，可得到面积损失（或称减渣量）随浸油时间的变化状况（图 6-9）。研究表明，随着浸油时间的增加，半柔性材料的面积损失会逐渐增加，其 28 天的损失同沥青混凝土 3 h 的近乎相同；尽管该材料的耐油性不及水泥混凝土，但要比沥青混凝土好得多。因此，半柔性材料可以用于停机坪及 GSE 通路（车辆通行坡道及机材放置场）。

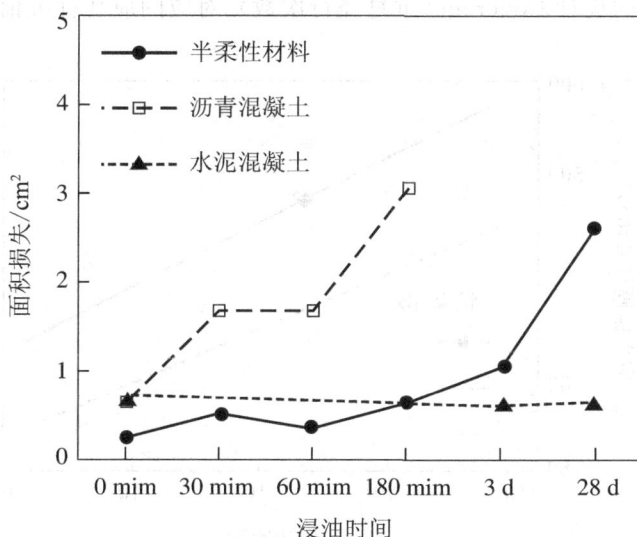

图 6-9 浸油时间与面积损失

6.1.3 半柔性材料罩面设计

（1）结构控制指标的确定

半柔性材料的罩面设计，借鉴机场道面加铺沥青混凝土的设计方法，以各结构层的应变（半柔性材料结构层上下面的水平应变、旧沥青道面中的沥青混凝土结构层上下面的水平应变和路基上表面的垂直应变）为控制指标。

对半柔性材料进行弯曲疲劳试验，确定应变标准值。在弯曲疲劳试验中，试件尺寸为（400×400×40）mm³，支点间距 300 mm，按三分点加载方式控制应变，应变谱采用正弦波，试验温度为 20 ℃，试验数据如图 6-10 所示。查用该图，就可以得到旧沥青混凝土层和其以下结构层的设计 Coverage（重复经行次数）对应的应变标准值。

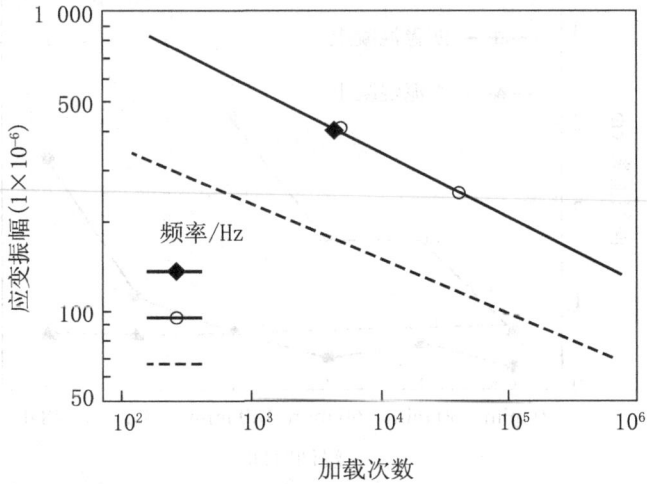

图 6-10 应变振幅与破坏时的加载次数

（2）结构设计指标的计算

道面疲劳荷载试验后，采用 FWD 测定道面弯沉，对数据进行逆向求解，反算各结构层的弹性模量。计算方法可以有下述两种：FEM 法和按多层弹性层状理论推算。前者考虑半柔性材料层的切缝影响，可分别在板中，边缘及角隅处加载，计算各层的应变。后者适用于板中加载的情况。两种方法均作如下简化：道面结构简化为半柔性材料层（CTAM），沥青混凝土层（AC），基层及以下（称土基）三层；路表 6 m 深度以下当作刚性层（FEM 中为固定节点）；层间完全连续；泊松比采用 0.3。

表 6-4 为 FEM 反算的弹性模量汇总表。AC 层和土基的弹性模量，在不同位置加载时，计算结果变化不大。对于 CTAM，当采用

FEM 法考虑切缝影响时，基本上看不到因加载位置的变化带来的差异。按照多层弹性层状理论进行计算的结果列于表 6-5，与表 6-4 进行比较可知：对于 CTAM，FEM 法得到的数值较小；对于 AC 层，FEM 法得到的数值较大；对于土基，两种方法得到的数值几乎相同。

表 6-4　FEM 反算的弹性模量汇总　　　　　　　　　　　10^3 MPa

荷载位置	位　置	100 mm 厚路段		
		CTAM	AC	土　基
板　中	1	45.8	7.07	0.170
	2	48.3	4.58	0.163
	3	43.1	7.87	0.168
	4	57.1	5.88	0.159
	平　均	49.0	6.40	0.170
边　缘	1	50.2	8.16	0.202
	2	64.0	6.93	0.190
	平　均	57.0	7.50	0.200
角　隅	1	54.4	5.23	0.266
	2	61.5	5.49	0.256
	平　均	58.0	5.40	0.260

续 表

荷载位置	位 置	2 mm 厚路段		
		CTAM	AC	土 基
板 中	1	49.8	5.93	0.177
	2	45.9	4.86	0.187
	3	30.2	4.50	0.181
	4	46.5	5.19	0.185
	平 均	43.0	5.10	0.180
边 缘	1	97.4	6.98	0.206
	2	64.1	4.36	0.218
	平 均	81.0	5.70	0.210
角 隅	1	59.2	6.07	0.245
	2	59.8	4.93	0.237
	平 均	60.0	5.50	0.240

表 6-5 多层弹性层状理论反算的弹性模量汇总 10^3 MPa

荷载位置	位置	100 mm 厚路段		
		CTAM	AC	土 基
板 中	1	107	5.85	0.159
	2	79.5	4.42	0.143
	3	112	5.85	0.163
	4	98.7	5.32	0.138
	平 均	99.0	5.40	0.150

荷载位置	位置	200 mm 厚路段		
		CTAM	AC	土 基
板 中	1	87.2	4.37	0.177
	2	74.4	3.72	0.178
	3	59.8	2.98	0.186
	4	78.6	3.94	0.174
	平 均	75.0	3.80	0.180

采用各层弹性模量的平均值，计算飞机荷载作用下各层的最大应变（表 6-6、表 6-7），作为结构设计指标（CTAM 和 AC 层指水平应变，土基指垂直应变）。表 6-6 括号中的数值表示采用板中加载对应的边缘及角隅处最大理论应变。由数据可知，荷载作用在切缝边缘或角

隅处比作用在板中处得到的应变值大，且两种方法计算的应变值差异不大。括号内的值与对应值相比，对于 CTAM、AC、土基来讲，平均为 1.2，1.2，1.1。所以，按多层弹性层状理论计算道面结构的各层应变，考虑切缝影响时，计算值应扩大 1.1～1.2 倍。

表 6-6　依据 FEM 计算的各层最大应变　10^{-6}

荷载位置	100 mm 厚路段		
	CTAM	AC	土　基
板　中	15.0	64.0	251
边　缘	15.7 (18.6)	59.1 (69.8)	239 (281)
角　隅	20.0 (14.2)	64.8 (69.1)	239 (305)

荷载位置	200 mm 厚路段		
	CTAM	AC	土　基
板　中	27.2	73.5	271
边　缘	27.6 (27.5)	93.0 (108)	294 (345)
角　隅	19.5 (19.5)	66.1 (76.8)	249 (308)

表 6-7 按多层弹性层状理论计算的各层最大应变 10^{-6}

路 段	CTAM	AC	土 基
100 mm 厚	29.8	91.9	315
200 mm 厚	39.7	95.0	329

在此解析中，粒料类基层和路基并入土基，当作一层计算。实际上，由于路基位于基层下面，荷载位置的变化对其影响很小，所以此简化方法更偏于安全。

（3）罩面厚度的推算

①半柔性材料弹性模量设计值的计算。当计算荷载作用下的各铺装层的应变时，需要各层的弹性模量设计值。对于旧沥青道面各层的弹性模量，可以依据上述方法进行反算。对于半柔性材料的弹性模量，依据室内试验结果，给定设计交通量后，由上图 6-10 查出相对应的应变振幅，最后由图 6-11 查得弹性模量。

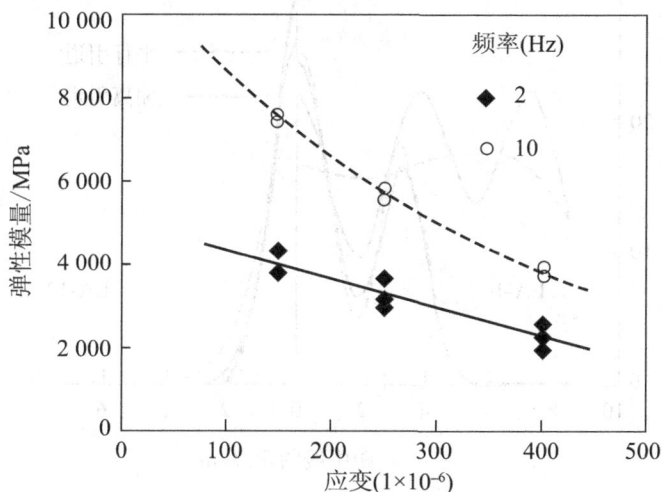

图 6-11 重复荷载试验时的弹性模量

无论是供飞机使用的滑行跑道、停机坪还是供车辆使用的 GSE 通路，都要求道面结构具有较高的抗变形能力。在结构设计中，采用 coverage 作为交通量参数，但交通荷载在横向上通过位置的集中程度有所不同，相同 coverage 下重复荷载次数又有所不同，所以要求半柔性材料的弹性模量会不相同，应当将滑行跑道、停机坪与 GSE 通路区分考虑。

② 滑行跑道·停机坪。结合以往所作的交通调查，假定机轮的轮迹分布，服从正态分布。由设计 coverage 反算飞机架次，乘以某种机型在轮迹分布中的峰值比例计算得到该机型的交通量。例如：通过已有大型喷气式飞机（LA-1 和 LA-12）前轮横向行驶位置的分布数据，计算得到主轮的轮迹分布。如图 6-12 所示（轮宽 30 cm），滑行跑道上的交通量很大并且很集中，且服从正态分布，LA-1 的峰值比例为

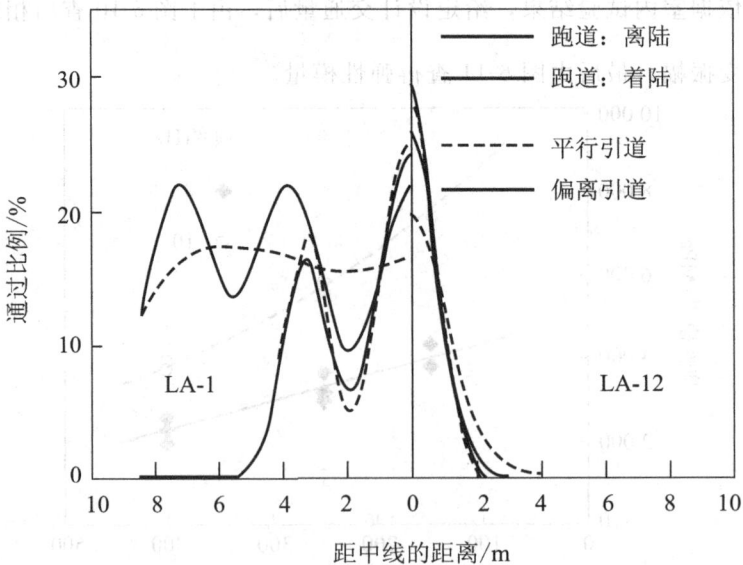

图 6-12　飞机主轮横向作用位置分布

25.2%，LA-12 的峰值比例为 29.3%，用此值乘以设计 coverage 反算值，得到该机型的设计重复荷载作用次数，列于表 6-8 中。

表 6-8 设计重复荷载次数 次

设计荷载	设计 coverage			
	5 000	10 000	20 000	40 000
LA-1	5 000	10 000	20 000	40 000
LA-12	10 000	20 000	40 000	80 000

设计 coverage 假定为 5 000～10 000 次时，设计重复荷载次数达到 5 000～20 000 次，而对应的弹性模量的设计值只有 3 000 MPa。由此可知，机场沥青道面加铺半柔性材料的罩面设计寿命往往达不到预估值。

③ GSE 通路。为了半柔性材料层的弹性模量的合理取值，同滑行跑道·停机坪一样，需要掌握车辆的横向轮迹分布规律，所以有必要在正常使用的机场中心大楼的内部安装数码摄像机，24 小时调查车辆的通过情况。调查项目包括车型及车轮的横向作用位置（30 cm 为一区域）。

在图 6-13 的调查结果中，乘用车和拖机动力车的通行量较多，由于拖机动力车的载重最大，从调查该车的轮迹横向分布（图 6-14）来看，70%集中在距边沿 30～90 cm 的区域内。由正态分布函数可知，峰值比例达 44.4%，设计重复荷载次数为 10 000～40 000 次，同样可以求得弹性模量的设计值为 3 000 MPa，继而推算罩面厚度。

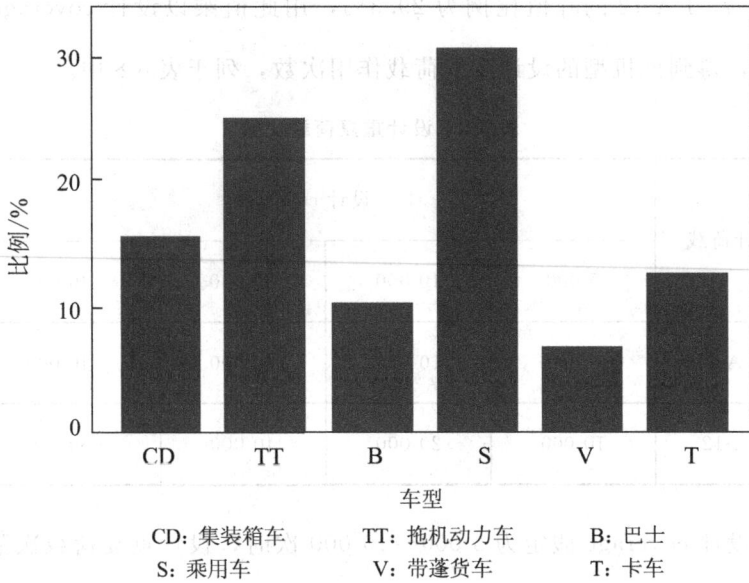

CD：集装箱车　　　TT：拖机动力车　　　B：巴士
S：乘用车　　　　　V：带蓬货车　　　　T：卡车

图 6-13　GSE 通路中不同车型的交通量

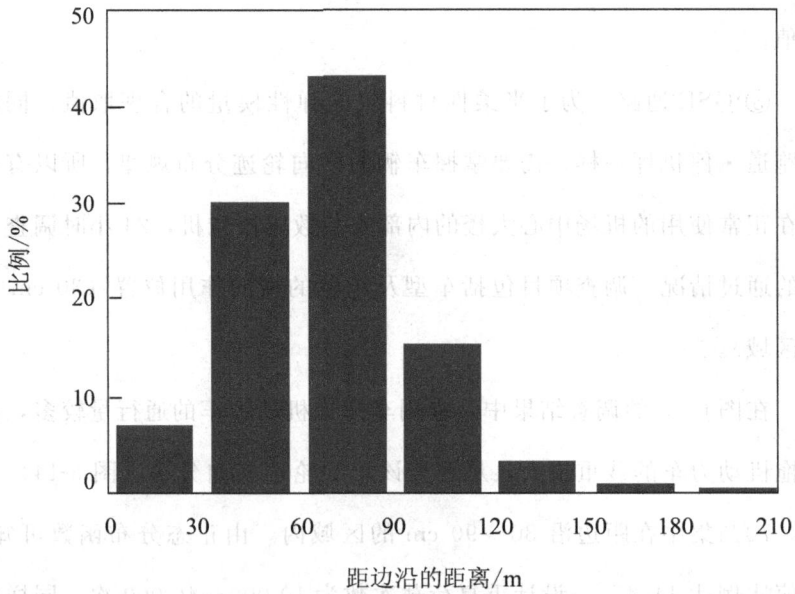

图 6-14　拖机动力车的轮迹横向分布

6.1.4 结论

对于机场沥青道面加铺半柔性材料的有关技术，主要结论整理如下。

第一，半柔性材料结构层，要选用改性沥青，超早强水泥，水泥浆灌入时沥青混合料的内部温度为 80 ℃，要间隔一定距离设置切缝。该材料完全适用于机场滑行跑道·停机坪及 GSE 通路。

第二，当考虑切缝影响时，按多层弹性层状理论计算的应变值扩大 1.1～1.2 倍后，可用于半柔性材料罩面厚度的推算。无论是滑行跑道·停机坪还是 GSE 通路，半柔性材料弹性模量的设计值均可取 3 000 MPa。

6.2 隧道薄层复合式路面试验段研究

近今年，日本高速公路由规模建设逐渐转向追求"安全、舒适、便利、快捷、经济、耐久"的品质建设。为了清楚了解日本公路的发展历程，依据有关文献，本章对日本公路里程做了详细统计，见表 6-9。

表 6-9　日本道路发展状况

年　份	2000	2001	2002	2003	2004	2005
高速公路/km	6 455	6 617	6 851	6 915	7 296	7 383
一般国道/km	53 685	53 777	53 866	53 866	54 084	54 264
二级公路/km	127 916	128 182	128 409	128 554	128 962	129 139
其他道路/km	973 838	977 764	982 521	987 943	997 296	1 002 185

在路面铺装技术方面，日本道路专家一直从事大量的研究与创新。其中，日本道路公团（JH）就路面耐久性技术进行了深入研究与实践。薄层复合式路面为其最新研究成果。现就薄层复合式路面的试验路研究作详细介绍，希望能为国内相关研究提供借鉴。

作为隧道内路面的新工法而开发的薄层复合式路面，米子道的摺钵山隧道试验路在全日本最早铺筑。所谓薄层复合式路面就是将传统的复合式路面的上面层同中面层2层合为1个结构层的结构形式。在不降低原结构的耐久性、行车舒适性的前提下，采用薄层复合式路面可将降低建设投资，其将成为今后被广泛推广使用的工法。为解决混合料运输中粗骨料的离析，有效预防车辙，日本道路公团对配合比试验、材料选择、施工条件等进行了深入探讨。

6.2.1　试验概况

为减低投资，日本道路公团（JH）将面层采用如图 6-15(2) 所示的薄层复合式路面结构。该结构在功能上与排水式路面 （4cm） ＋

SMA（4 cm）相同，但厚度降低50％，从而降低了工程造价。图6-15（1）为高速公路隧道内路面常采用复合式路面结构。为研究薄层复合式路面，JH的建设分部在米子道摺钵山隧道（全长4 093 m）内铺筑了试验路（图6-16）。

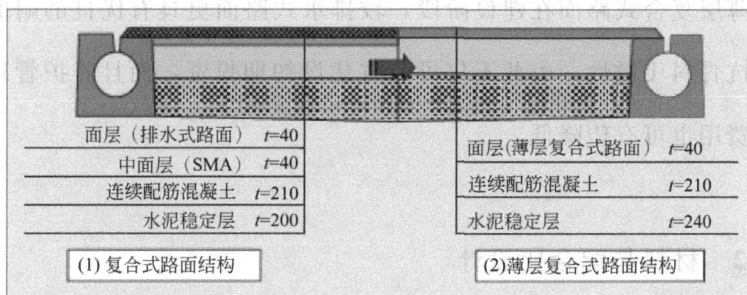

面层（排水式路面） t=40	面层（薄层复合式路面） t=40
中面层（SMA） t=40	
连续配筋混凝土 t=210	连续配筋混凝土 t=210
水泥稳定层 t=200	水泥稳定层 t=240
(1) 复合式路面结构	(2)薄层复合式路面结构

图 6-15　路面结构

图 6-16　隧道薄层复合式路面使用现状

摺钵山隧道为日本米子道的久世 IC 至汤原 IC 间最长的隧道。该地域的年平均积雪约 290 mm，且符合防滑链使用规定为 5 级的积雪寒冷地区。考虑隧道口附近降雨降雪时的引排水因素，除隧道口外，试验路实际铺筑 3 993 m。

薄层复合式路面在建设阶段，较排水式路面更具有优良的耐磨耗性与抗骨料飞散性，由此不仅可节省建设初期投资，而且养护管理阶段的费用也可有望降低。

6.2.2　材料与配合比设计

（1）材料

为了掌握不同结合料的混合料特性，试验路分别采用日本国内常用两种结合料：一种与排水式路面采用相同的标准高黏度改性沥青，另一种为旨在降低造价采用黏度稍低但相对较经济的 II 型改性沥青。表 6-10 为日本改性沥青协会推荐的改性沥青材料要求。

表 6-10　试验路结合料性质

项　　目		高黏度改性沥青	II 型改性沥青
针入度（25 ℃）	（1/10 mm）	40 以上	40 以上
软化点	/℃	80.0 以上	56.0～70.0
延度（15 ℃）	/cm	50 以上	30 以上
闪点	/℃	260 以上	260 以上

· 134 ·

续　表

项　目		高黏度改性沥青	Ⅱ型改性沥青
薄膜加热质量变化率 　　／%		0.6 以下	
薄膜加热后的针入度比 　　／%		65 以上	65 以上
黏韧性(25 ℃) 　　[N.m(kgf.cm)]		20.0(200)以上	8.0(80)以上
韧性 （25 ℃） 　　[N.m(kgf.cm)]		15.0(150)以上	4.0(40)以上
60 ℃黏度 　　1×10⁴,Pa.s(Poise)		0.2(2.0)以上	

（2）配合比设计

表 6-11 为日本道路公团（JH）推荐薄层复合式路面配合比。

表 6-11　配合比推荐值

项　目		推荐值
筛孔/mm 通过率/%	4.75	30
	2.36	25 以下
	0.6	18～20
	0.075	8～11
最佳沥青用量/%		5.8 以上
骨料间隙率/%		16.0～16.5
饱和度/%		85
空隙率/%		3.0 以下

如图 6-17 所示该试验路薄层复合式路面采用的级配曲线。图中 13.2～4.75 mm，曲线靠近排水式路面级配；2.36～0.075mm，曲线靠近 SMA 级配中值。为节约投资，没有掺入可控制离析的植物纤维，所以混合料运输时的温度管理对控制离析至关重要。为掌握混合料离析特性，须进行动态离析试验。试验中，在 4.75mm 筛孔的筛子上对混合料簸析 200 次，以通过筛孔的质量比作为表征混合料离析的特征值，称为附着损失率。图 6-18 为附着损失率曲线，图 6-19 为温度—黏度曲线。

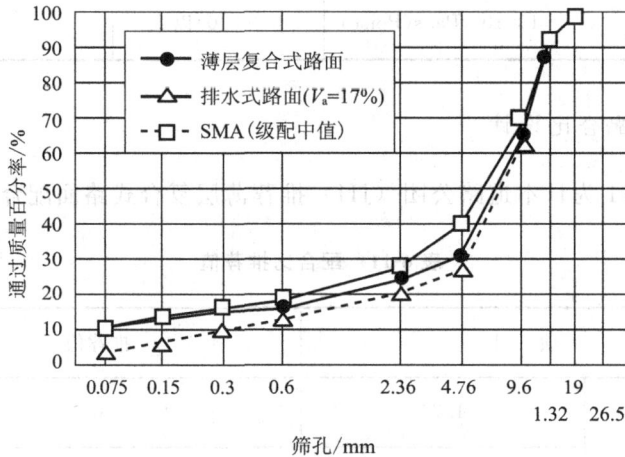

图 6-17　混合料级配曲线

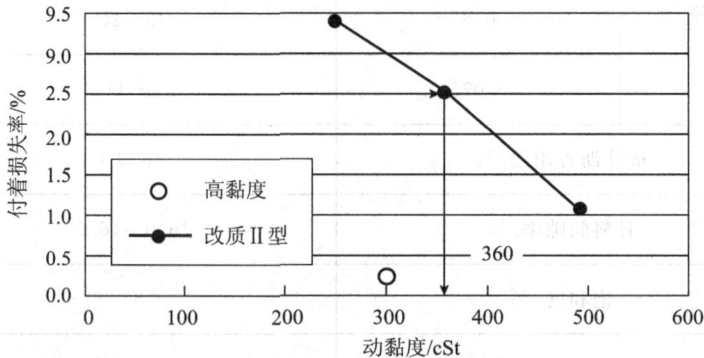

图 6-18　附着损失率曲线

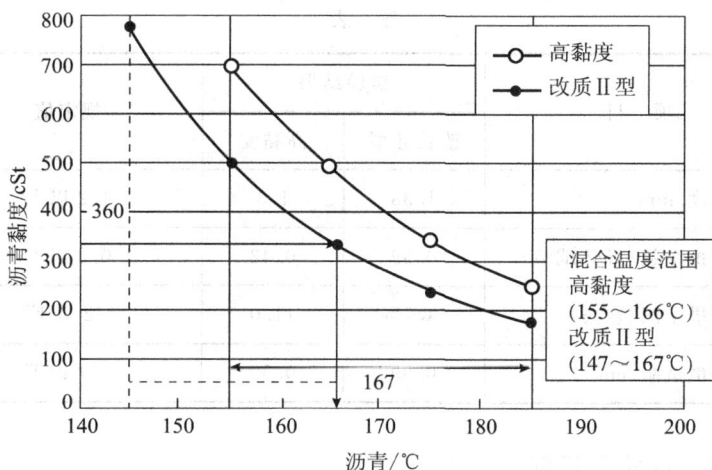

图 6-19 黏度曲线

依据图 6-18 和图 6-19，Ⅱ型改性沥青满足附着损失率标准值的动黏度为 360 cSt，为控制离析，沥青温度要控制在 167 ℃以下；另一方面，满足附着损失率标准值的动黏度只有在混合温度范围内，施工才能成为可能。

表 6-12 为混合料性质试验结果。可见，由于采用Ⅱ型改性沥青混合料，其低温肯塔堡试验（％）不满足要求，表明该混合料在积雪寒冷地区抵抗骨料飞散性不足。

表 6-12 混合料性质试验结果

项 目	试验结果		规定值
	改性Ⅱ型	高黏度	
压力透水试验（cm/s）	5.07×10^{-9}	2.19×10^{-9}	1.0×10^{-7} 以下
车辙试验（次/mm）	6 340	9 500	改性Ⅱ型 3 000 以上，高黏度 6 000 以上
弯曲试验	9.93×10^{-3}	9.9×10^{-3}	6.0×10^{-3} 以上

续　表

项　目	试验结果		规定值
	改性Ⅱ型	高黏度	
构造深度/mm	1.38	1.3	1.2 以上
动态摩擦系数/（DF 试验）	0.39	0.42	0.3 以上
低温肯塔堡试验/%	14.7%	11.0	12 以下
剥落松散试验/cm²	0.99	0.59	1.1 以下

（3）试验段铺筑

考虑到薄层复合式路面的进一步推广使用，收集试验使用基础数据，本试验段分别采用Ⅱ型改性沥青与高黏度改性沥青。具体施工情况如图 6-20 所示；离析状况见表 6-13。

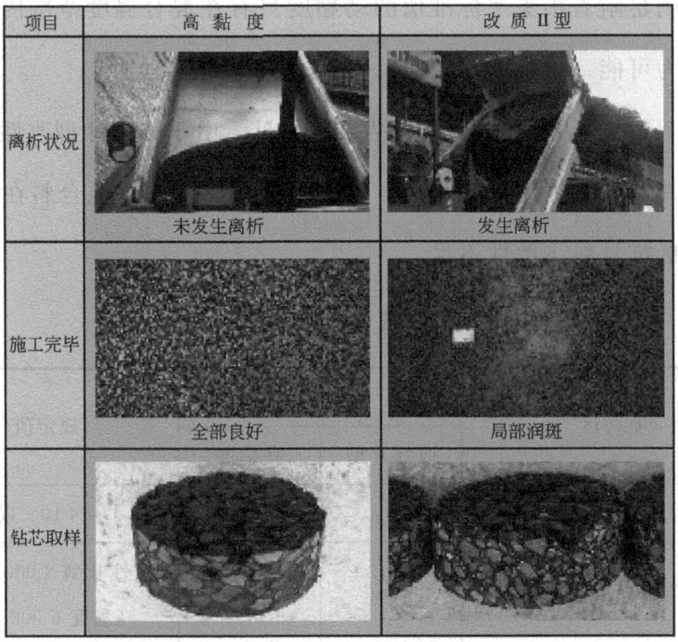

图 6-20　现场施工情况（运输时间 90 min）

表 6-13 试验段施工时离析发生状况

沥青品种	混合温度/℃	运输时间/min	离析发生状况			
			到达现场时	摊铺时	碾压时	结束时
Ⅱ型改性沥青	165	30	无	无	胶浆上浮	胶浆上浮
	165	90	材料分离	无	胶浆上浮	胶浆上浮
高黏度改性沥青	175	90	无	无	无	无

对于Ⅱ型改性沥青，碾压后出现胶浆上浮即离析现象，除与材料本身性质有关外，还可能与碾压机械的构造如螺旋输送器的接缝、刮板位置等有关。

试验施工条件，见表 6-14。为使部分沥青胶浆向下部流动形成密实结构，薄层复合式路面在混合料摊铺后初期碾压较早且碾压次数较多（SMA 初压为 5 次）。

表 6-14 试验施工条件

沥青种类		高黏度			改性Ⅱ型			
试验段编号		1	2	3	Ⅰ	Ⅱ	Ⅲ	Ⅳ
运输时间/min		90			90			30
碾压机械		碾压次数			碾压次数			
初压	三轮压路机(12t)	7	9	11	9	11	11	11
复压	双轮压路机(7t)	5	5	5	5	5	5	5
终压	轮胎压路机(8～15t)	5	5	5	5	5		5

对试验各路段进行 DF 试验（用于测定动态摩擦系数，所采用仪器如图 6-21 所示，测试原件直径 30 cm，带有与标准轮胎性质相同的 3 片橡胶片，以模拟真实轮胎作用下的摩擦系数），测定结果如图 6-22 所示。对于改性 Ⅱ 型，无初期碾压的第 3 试验段，其不满足抗滑要求（0.3 以上）；对于高黏度，初期碾压 11 次的 3 试验段抗滑性能最高。可见，初期碾压对薄层复合式路面的抗滑性能影响显著。

动态摩擦系数测定仪外观

动态摩擦系数测定仪底部

图 6-21　动态摩擦系数测定仪

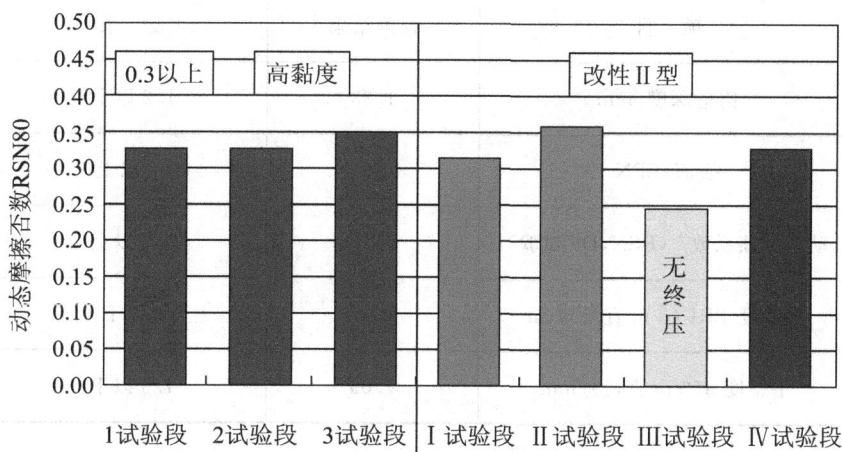

图 6-22　DF 试验测试结果

（4）正常施工

正常施工条件，见表 6-15；试验检测结果，见表 6-16。检测结果均满足要求，且无离析现象发生。

表 6-15　正常施工条件

摊铺厚度		46 mm(松铺系数 1.15)
碾压方法	初　压	三轮压路机,11 次以上
	复　压	双轮压路机(7t),5 次以上
	终　压	轮胎压路机(15t),5 次以上

表 6-16　试验检测结果

项　目	检测结果	要　求
构造深度/mm	1.33	1.2 以上
摆值/BPN	66	60 以上
动态摩擦系数/（RSN，DF 试验）	0.40	0.3 以上
平整度 PRI（8 m 直尺）/cm	1.4	8 以下
平整度 σ(3 m 直尺)/mm	1.09	1.3 以下

通过噪声测试，确认薄层复合式路面还具备降低路面噪声的功能。噪声测试条件为轻型客货两用汽车，行驶速度 80 km/h，路面干燥。测试结果如图 6-23 所示。

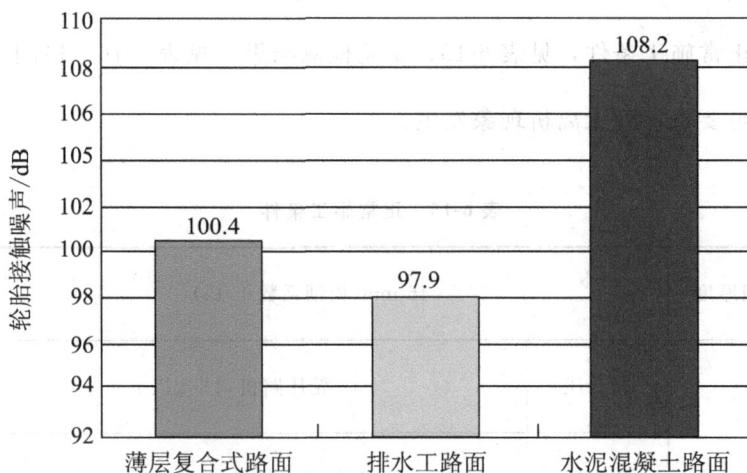

图 6-23　路面噪声测试结果

由图 6-23 可见，薄层复合式路面虽较 SMA 路面高约 2 dB，但较水泥混凝土路面降低约 8 dB，其降噪效果比较明显。

由于薄层复合式路面厚度较薄，且无中面层直接与 CRCP 板相接，所以面层平整度受 CRCP 板的影响显著。为提高路面平整度，保证 CRCP 板平整性至关重要。

（5）结语

薄层复合式路面是日本道路公团推出的最新路面结构。在本书所述的试验中，其较原结构的复合式路面，可降低建设资金约 33％。经通车 1 年后（2005 年 7 月）检测，结构排水性能及抗飞散等均无明显减低。虽在施工时较 SMA 增加了压实工作量，但在混合料运输、摊铺以及施工管理均与之相同。施工中，为了减小离析，混合料温度控制十分重要。为此，依据施工经验，JH 推荐温度控制曲线如图 6-24所示。

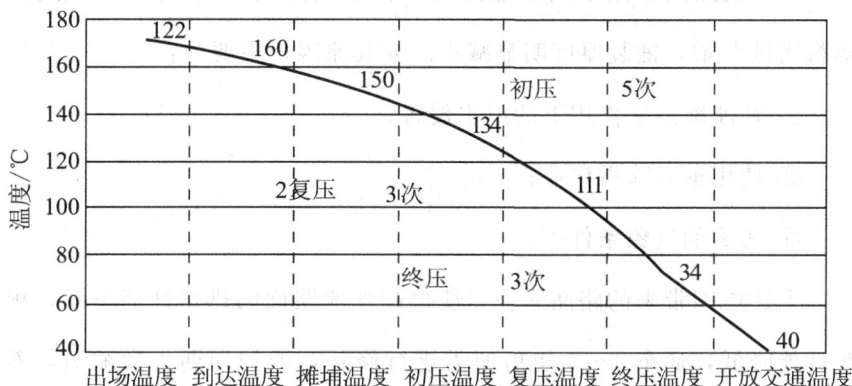

图 6-24　铺筑薄层复合式路面温度控制曲线

薄层复合式路面作为耐久性路面结构，不仅可隧道中铺筑，还可以广泛使用于收费站、停车场、服务区等铺装。

6.3 适于积雪寒冷气候条件的新型路面

6.3.1 概述

日本株式会社高速道路总合技术研究所（英文简称为 NEXCO），其下设东日本高速道路、中日本高速道路和西日本高速道路三家子公司。东日本北海道支社管辖范围内的高速公路，自 2005 年起，超过 50％以上的路面采用了高性能路面（排水式路面）。在冬季，该路面集料飞散严重，铺装厚度明显减小。究其原因，主要为：

① 在冰冻溶解作用下的浸水侵害；

② 使用钢刀除雪作业；

③ 恶劣的气象条件等。

上述原因带来的路面病害，使得高性能路面的排水性能下降，耐久性能降低，通车 4～5 年后便需进行修补，养护周期大大缩短，养护费用明显增加。

针对这种状况，考虑积雪寒冷地区的施工条件，NEXCO 东日本北海道支社开发了与高性能路面同性能的新型路面混合料。

6.3.2 各种混合料的性能比较

（1）新型路面混合料性能要求

新型路面混合料要求具有安全性、耐久性以及经济性。

① 安全性，即做到冬季有冰雪时，车辆在路面上行驶具有良好的抗滑性，确保行驶安全；路面湿滑时，具有可视认性，且能有效抑制雨雾及车辆漂滑现象的产生。

② 耐久性，即做到路面在恶劣的气象条件下，经正常养护可发挥其优越的长期耐久性。

③ 经济性，即做到路面寿命周期内，可节约费用支出。

（2）各种混合料的室内试验

为了开发新型路面混合料，首先对 5 种性能优越的混合料进行了室内试验。试验项目见表 6-17。

（3）室内试验结果

① 车辙试验。如图 6-25 所示，动稳定度和变形量试验结果各为 3 组试验的平均值，变异系数小于 0.2。由上图 6-24 可知，薄层复合式路面的动稳定度（DS）最大，为 8 625 次/mm；沥青混凝土路面的动稳定度（DS）最小，为 139 次/mm；高性能路面与改进型 SMA 路面的动稳定度（DS）均超过了 6 000 次/mm。此外，由试验结果可以看出，动稳定度和变形量基本呈反比例关系。

表 6-17　室内试验结果

铺装类型	沥青种类	试验项目
沥青混凝土路面（密级配）	普通沥青［针入度 80～100(0.1 mm)］	1. 车辙试验； 2. 低温肯塔堡飞散试验； 3. 抗滑值测定
高性能路面（空隙率 18%）	高黏度改性沥青	
SMA 路面	改性沥青	
薄层复合式路面*	改性沥青	
改进型 SMA 路面**	高黏度改性沥青	

注：＊薄层复合式路面：将传统上面层同中面层 2 层合为 1 个结构层，表面与高
性能路面（排水式路面）具有相同的构造深度，内部与 SMA 路面具有相
同的密水性。在不降低原结构的耐久性、行车舒适性的前提下，采用薄层
复合式路面可将降低建设投资。最初，日本将其作为隧道内路面。

＊＊改进型 SMA 路面：北海道开发局开发的同时具有 SMA 的耐久性能和排水
功能的路面混合料，采用高黏度改性沥青，沥青含量 6.5%，植物纤
维 0.3%。

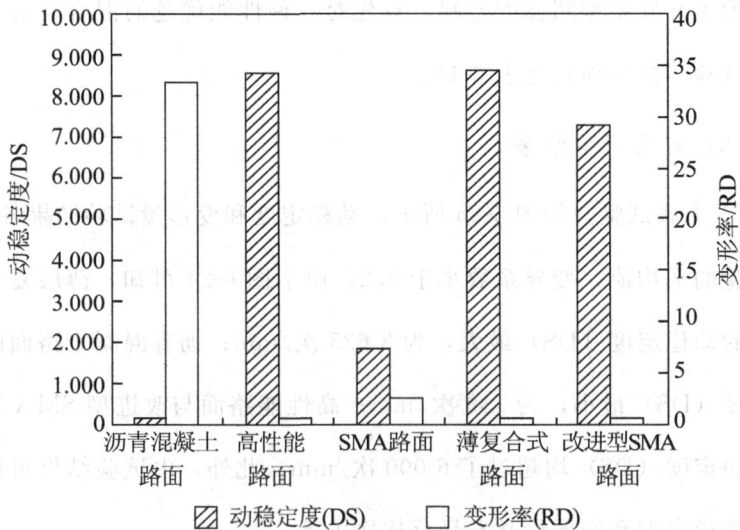

图 6-25　动稳定度与变形率

沥青种类的不同，对试验结果具有规律性影响。采用普通沥青、改性沥青、高黏度改性沥青的混合料的动稳定度依次提高，表明高温时（试验温度60℃）其抗流动性能依次增强。但是，采用改性沥青的薄层复合式路面，同采用高黏度改性沥青的高性能路面，具有相当的试验结果。

②低温肯塔堡飞散试验。图6-26为低温肯塔堡飞散试验结果。试验温度为−20℃。试验结果取去除最大值与最小值后的3个试件的平均值。对于混合料的飞散损失，沥青混凝土路面最大，为18.4％；改进型SMA路面最小，为7.2％；空隙率最大的高性能路面为17.0％，与沥青混凝土路面试验结果相当。

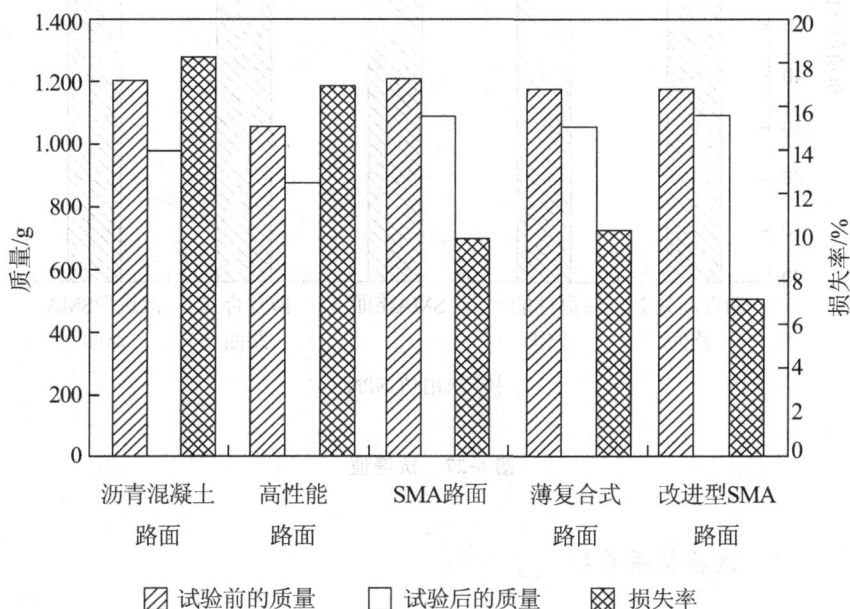

图6-26 低温肯塔堡飞散试验

③ 抗滑值试验。图 6-27 为进行温度修正后的抗滑值试验结果。对于 BPN 值，高性能路面为 85，薄层复合式路面为 68，其余路面基本相同。试验结果表明，构造深度大的高性能路面和薄层复合式路面较其他路面，具有较好的抗滑性能。为了接近目标空隙率（空隙率规定范围中值），所采用的沥青用量较高于最佳沥青用量，将产生多余的沥青胶浆（以下称浮浆），其由此可造成 BPN 值较低。为了保证抗滑性，确保足够人的构造深度是十分必要的。

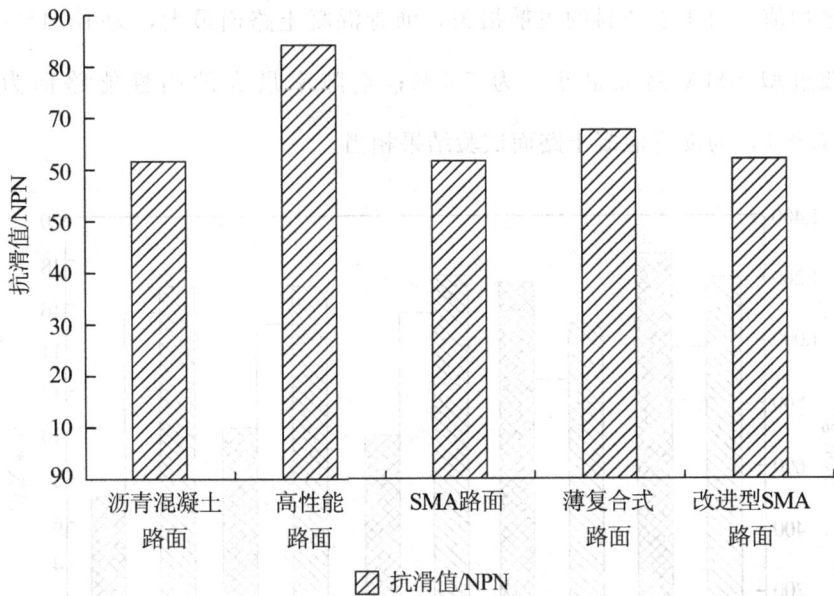

图 6-27 抗滑值

（4）试验结果总结

综上，依据试验结果，5 种结构的优劣顺序见表 6-18。其中，各种试验结果，最优为评价为 5，最差为 1。由此可知，最优结构为薄层复合式路面。

表 6-18　不同路面结构的指标评价

指　标	沥青混凝土路面（密级配）	高性能路面（空隙率18％）	SMA路面	薄层复合式路面	改进型SMA路面
动稳定度	1	4	2	5	3
飞散损失	1	2	4	3	5
抗滑值	3	5	3	4	3
初期费用	5	4	3	4	2
合　计	10	15	12	16	13

6.3.3　薄层复合式路面配合比设计

为了指导薄层复合式路面配合比设计与施工，中日本中央研究所制定了《薄层复合式路面配合比设计指南（案）》。该指南的特点就是，依据动态、静态离析试验，设定混合、压实温度；表观密度和真空法密度并用，进行配比设计；与通常混合料的配比流程有所差异（图 6-28、图 6-29）。依据设计流程得到最终的最佳沥青用量。马歇尔试验、性能试验及配合比分别见表 6-19 至表 6-21，满足标准值后方可进行试验段施工。

```
                    ┌──────────┐
                   (   开始    )
                    └────┬─────┘
                         │
                         ▼
              ┌────────────────────┐
         ┌───→│    1. 选定材料       │
         │    └──────────┬─────────┘
         │               │
 (*1)    │               │
 (*2)    │               ▼
 (*3)    │    ┌────────────────────┐  (*4)
         │    │  2. 选定材料配合比    │◄─────┐
         │    └──────────┬─────────┘      │
         │               │                │
     No  │               ▼                │
         │       ╱────────────╲           │
         └──────╱ 3.静态、动态   ╲          │
                ╲ 离分析试验     ╱          │
                 ╲────────────╱           │
                       │ Yes              │
                       ▼                  │
              ┌────────────────────┐      │
              │ 4. 设定混合、压实温度  │      │
              └──────────┬─────────┘      │
                         │                │
                         ▼                │
              ┌────────────────────┐      │
              │ 5. 制作马歇尔试件，    │      │
              │   设定最佳沥青用量     │      │
              └──────────┬─────────┘      │
                         │                │
                         ▼                │
                 ╱────────────╲           │
                ╱ 6.马歇尔稳定度 ╲          │
                ╲ 试验，肯塔堡试验 ╱   No    │
                 ╲────────────╱───────────┤
                       │ Yes              │
                       ▼                  │
                 ╱────────────╲    No      │
                ╱  7. 性能试验  ╲──────────┘
                 ╲────────────╱
                       │ Yes
                       ▼
              ┌────────────────────┐
              │  8. 确定材料配合比    │
              └────────────────────┘
```

*1. 无条件使用人工砂时，可采用良好的天然砂替代。

*2. 为改善混合料离析状况，宜使集料级配靠近上限。

*3. 采用*1和*2仍无法改善混合料离析状况时，宜采用高黏度改性沥青。此时，应准确把握温度与沥青动黏度的关系。

*4. 设定集料配合比时，考虑离析状况，砂的细度模数取4.2以下。

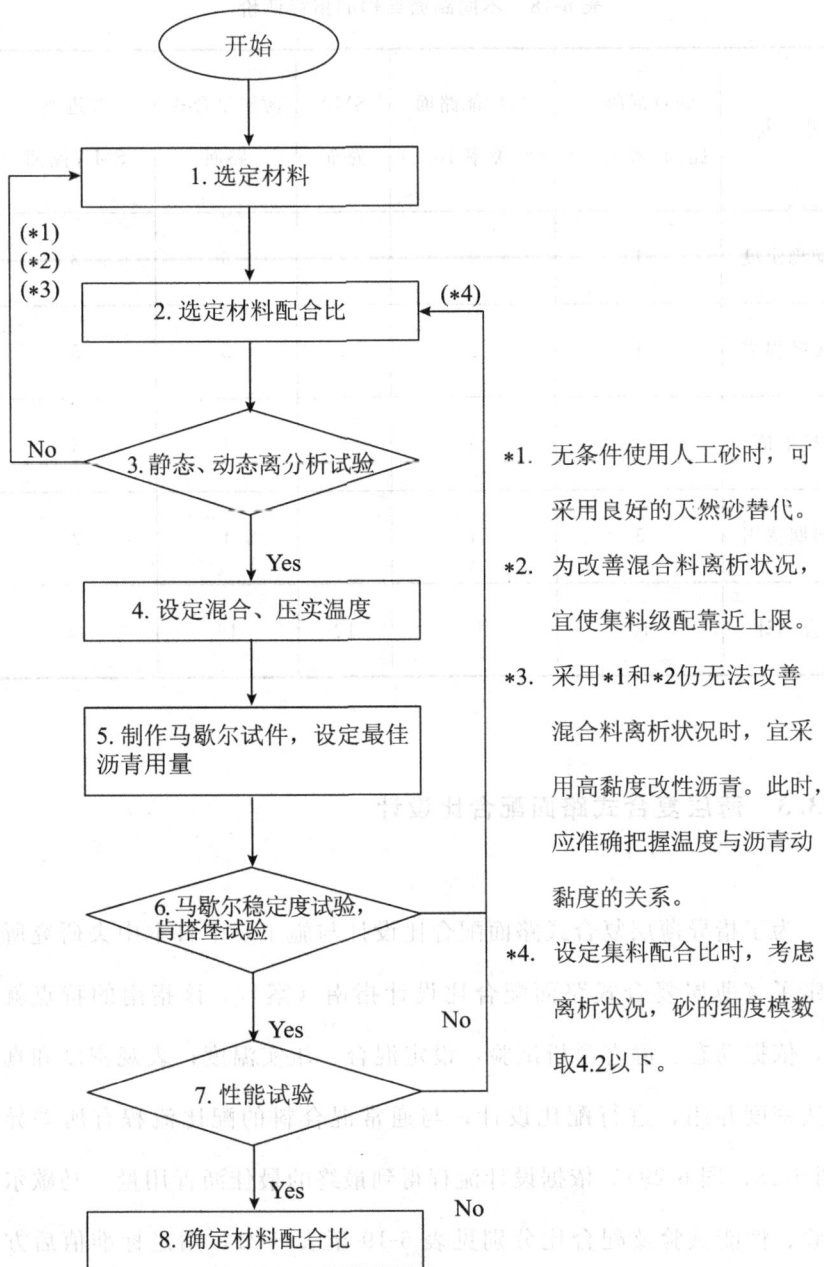

图6-28　薄层复合式路面配合比设计流程

依据离析试验
设定

600 cSt

| 适宜压实的
沥青黏度范围 | | 混合温度
范围 |

| 压实温度
下限 | +10℃ → | 混合黏度
下限 | | 混合黏度
上限 |

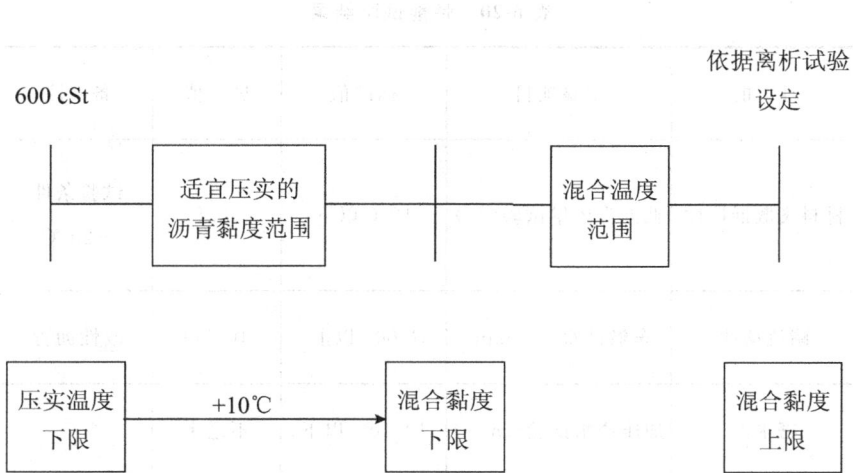

图 6-29 混合、压实温度（黏度）设定方法

表 6-19 马歇尔试验结果

项　　目		标准值	试验值
空隙率/%	表观密度法	2.5～2.8	2.7
		5.8～7.1	6.8
骨料间隙率/%	真空密度法	20.2 以下	19.9
饱和度/%		64.0～69.5	65.8
安定度/kN	6.0 以上		8.4
马歇尔模数/kN/m	2 000～4 900		2545

表 6-20　性能试验结果

性　能	试验项目	标准值	试验值	备　注
材料飞散抵抗性	低温肯塔堡试验（%）	12.0 以下	10.8	试验条件 $-20\ ℃$
耐流动性	车辙试验（次/mm）	3 000 以上	10 700	改性沥青
密水性	加压透水试验（cm/s）	$1×10^{-7}$ 以下	不透水	
构造深度	CT 自动计量仪测定	1.2 以上	1.46	
弯曲强度	弯曲试验	$6.0×10^{-3}$ 以上	$7.23×10^{-3}$	
耐磨性	剥落松散试验（cm₂）	1.1 以下	0.69	
水稳定性	浸水车辙试验（%）	5 以下	0	

表 6-21　薄层复合式路面的材料配合比/%

路面结构	6 号碎石	7 号碎石	人工砂	粗砂	细砂	石粉	最佳沥青用量	合　计
薄层复合式路面	72.6	—	8	—	4.7	8.9	5.8	100
高性能路面（参考）	76	—	—	14.2	—	4.8	5	100

6.3.4　薄层复合式路面的试验施工

（1）施工工艺

此次试验路段位于正常路段，施工时参考了隧道内部的施工方法。具体施工工艺见表6-22。

表6-22　薄层复合式路面施工工艺

施工路段	出料温度/混合时间	初　压	复　压
隧道内部	178 ℃±10 ℃	三轮压路机(14t) 9 遍以上	轮胎压路机(15t) 3 遍以上
	干拌 10 s,湿拌 40 s	155 ℃±10 ℃	110 ℃±10 ℃
正常路段	169 ℃±5 ℃	三轮压路机(10 t) 11 遍	轮胎压路机(25 t) 3 遍以上
	干拌 10 s,湿拌 45 s	155 ℃±5 ℃	120 ℃±10 ℃
高性能路面(参考)	170 ℃±10 ℃	三轮压路机(10 t) 6 遍	双轮压路机(15 t) 4 遍

该类型混合料，对出厂温度特别敏感，若出厂温度过高，在运输过程中会发生沥青胶浆与集料分离的现象，即混合料产生离析（图6-30）。因此，与常规混合料相比，规定为目标出厂温度±5 ℃。初压采用三轮压路机（10 t）碾压11遍，复压采用轮胎压路机（25 t）碾压3遍。

图 6-30 施工现场混合料离析状况

（2）施工时遇到的问题

① 确保均匀的表面构造深度。施工时，混合料产生浮浆现象（图 6-31），致使路面抗滑值偏低。由此表现为路表构造深度不一，给行驶带来安全隐患。产生浮浆的原因如下：混合料温度高（考虑了施工时的气温），易造成材料离析；摊铺机送料器送料不均，部分细料过于集中；过碾。

图 6-31 施工后路面浮浆状况

② 压实不足。在初压时，采用三轮压路机机组，混合料温度不高，易造成压实不足。

6.3.5 新型路面混合料

（1）改善施工性的探讨

为了处理上述施工时遇到的问题，改善薄层复合式路面的施工性能，对其进行了试验改进。目的是在不损失功能性、耐久性的前提下，控制离析和浮浆，消除压实不足的缺点。为了控制离析和浮浆，试验增加了混合料的细粒成分，增加 7 号碎石（2.5～5 mm），提高集料通过4.75 mm 的通过率 5％，以填补原级配中 6 号碎石（5～13 mm）的空隙（表 6-23、图 6-32）。

表 6-23　不同路面结构的集料级配比较

筛孔尺寸/mm	19	13.2	9.5	4.75	2.36	0.6	0.3	0.15	0.075
薄层复合式路面	100.0	97.5	74.0	30.0	25.0	20.0	15.0	12.0	10.0
改进型薄层复合式路面	100.0	97.5	74.5	35.0	25.0	20.0	15.5	12.5	10.0
高性能路面	100.0	96.0	73.5	24.5	19.5	12.5	9.5	6.5	4.5

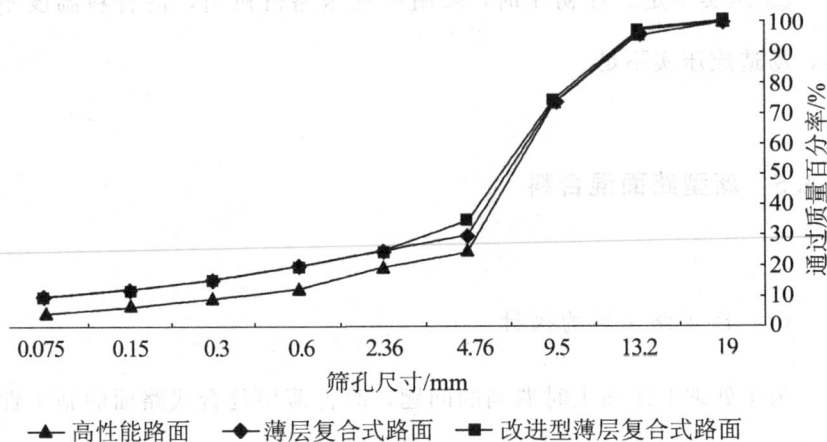

图 6-32　集料级配曲线比较

为了消除压实度不足的现象，可考虑采用不同的压实机械。将钢轮压路机换为轮胎压路机，在揉搓作用下，控制沥青上浮，达到混合料内部密实。

表 6-24 与表 6-25 为改进型薄层复合式路面马歇尔试验及性能试验指标允许值。

表 6-24　改进型薄层复合式路面马歇尔试验指标允许值

项　目		允许值
空隙率/%	表观密度法	3.0～5.0
饱和度/%		75.0～85.0
饱和度/%		6.0 以上
流值(0.01 cm)		2 000～4 900
残留稳定度/%		

表 6-25　改进型薄层复合式路面性能试验指标允许值

性　能	试验项目	允许值	备　注
材料飞散抵抗性	低温肯塔堡试验/%	12.0 以下	试验条件－20 ℃
耐流动性	车辙试验/(次/mm)	3 000 以上	改性沥青
构造深度	CT 构造测定	1.0	
弯曲强度	弯曲试验	6.0×10^{-3} 以上	
耐磨性	剥落松散试验(cm_2)	1.1 以下	
水稳定性	浸水车辙试验/%	5 以下	

（2）配合比设计

新型混合料配合比见表 6-26。增加 7 号碎石后，使用改性沥青，室内设计时沥青用量为 5.8％。在对运输车内混合料做离析试验时，沥青用量为 5.6％。从实际情况来看，采用沥青用量 5.8％及 5.6％的混合料，集料被均匀的沥青裹覆，均为良好的混合料；但在运输过程中，沥青用量为 5.8％的混合料会发生离析，所以试验段施工时采用 5.6％的生产配比。

表 6-26 改进型薄层复合式路面配合比／%

路面结构	6 号碎石	7 号碎石	人工砂	粗砂	石粉	最佳沥青用量	合计
改进型薄层	65.2	6.4	6.4	6.4	9.8	5.8	100
复合式路面	65.4	6.4	6.4	6.4	9.8	5.6	

（3）试验施工

试验施工时的出厂温度及施工方法见表 6-27。

表 6-27 改进型薄层复合式路面施工工艺

施工路段	出料温度 混合时间	初 压	复 压	终 压
隧道内部	178 ℃±5 ℃	三轮压路机(10) 4 遍	轮胎压路机(25 t) 12 遍以上	轮胎压路机(4 t) 适宜
	干拌 10 s 湿拌 45 s	163 ℃±10 ℃	120 ℃±10 ℃	双轮压路机消痕

采用 25 t 轮胎压路机碾压 12 次后，压实度达到 99%，原混合料压实不足的缺点得到解决。摊铺后，路面表面构造深度略有减小，但浮浆现象没有发生，具有良好的抗飞散性。

（4）全面施工

依据试验段施工经验，经调整集料级配后，混合料浮浆、离析现象得到抑制，压实不足得以解决。由此，将此新型路面称为改进型薄层复合式路面。施工后，改型路面状况如图 6-33 所示，压实度数据如图 6-34 所示。

由图 6-35、图 6-36 可知，该型路面在湿滑条件下，具有较好的可视认性，抑制雨雾效果良好。

图 6-33 改进型薄层复合式路面路表状况

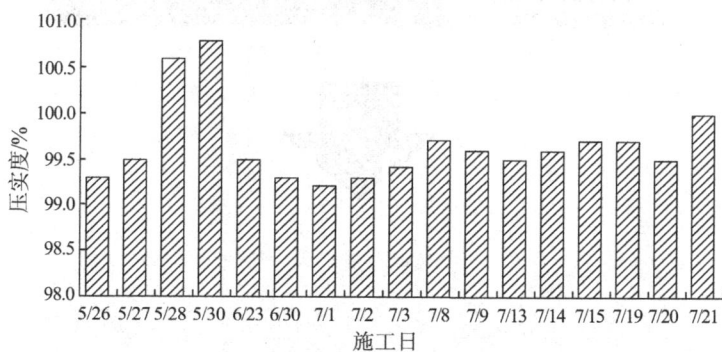

图 6-34 施工时压实度实测数据

图 6-35 不同路面的反射情况

沥青混凝土路面

改进型薄层复合式路面

图 6-36 雨雾的抑制效果对比

6.3.6 结论

从安全性的角度出发，改进型薄层复合式路面可发挥抑制雨雾等效果；从耐久性的角度出发，施工 1 年后的抗飞散性能良好。在积雪寒冷地区恶劣的气象条件下，改进型薄层复合式路面具有多种优良性能，值得推广应用。其路面长期性能有待深入研究。

7

研究主要结论与问题

连续配筋混凝土基层沥青路面作为一种新型的路面结构，主要应用于重载公路路面。作为承重层的连续配筋混凝土基层，不仅要保证具有较强的承重能力，而且要求具有良好的耐久性与经济性。本文通过研究，形成以下主要结论。

7.1 主要结论

通过对连续配筋混凝土基层沥青路面的荷载应力和温度应力地分析，提出了连续配筋混凝土基层的设计方法；通过试验路段的设计与铺筑，探讨连续配筋混凝土基层设计的合理化以及科学施工技术。现主要得到如下结论。

第一，由应力分析可知，连续配筋混凝土基层的临界荷位。

当裂缝间距 $S \geq 1.5$ m 时，荷载作用板中纵向边缘附近为临界荷位。此时，$\sigma_{1max} \approx \sigma_{zmax}$，$\sigma_{zmax}$ 成为控制应力。

当裂缝间距 1.0 m $\leq S < 1.5$ m 时，荷载作用缝边距纵向边缘 0.7 m 附近为临界荷位。此时，$\sigma_{1max} \approx \sigma_{xmax}$，$\sigma_{xmax}$ 成为控制应力。

当裂缝间距 $S < 1.0$ m 时，荷载作用在板中或缝边距纵向边缘 0.7 m 附近都有可能成为临界荷位，应分别计算，以较大值对应的荷位作为临界荷位。

第二，轮载、地基模量、基层模量、地基与基层间模量比、基层厚度等参数对基层受力有较大的影响，面层模量、面层与基层间模量比、面层厚度对基层受力影响较小。

第三，对连续配筋混凝土基层影响较大的主要是温度应力和干缩应力；基层配筋可以限制混凝土裂缝宽度，减缓裂缝向上反射速度，并防止雨水下渗；黏结刚度系数、配筋率、裂缝间距、混凝土线胀系数、板厚、混凝土模量、年平均降温等参数与温度应力场存在函数关系。

第四，温度应力作用下，混凝土位移在板中最小为零，在裂缝处最大；钢筋位移在板中处与裂缝处为零，极值靠近板边；混凝土应力在板中位置最大，在裂缝处减小为零；钢筋在降温时会产生拉应力，板中最小，在裂缝附近钢筋的拉应力急剧增加。

第五，连续配筋混凝土基层破坏主要形式为钢筋拉断及板边冲断；温度荷载是连续配筋混凝土基层使用前期破坏的主要因素，车辆荷载为其后期破坏的重要因素。

第六，连续配筋混凝土基层厚度计算时采用板底弯拉应力指标，可以按照普通混凝土路面采用较小应力传荷系数，计算板厚或直接采用厚度推荐值；配筋设计时，以钢筋应力、裂缝宽度、裂缝间距为设计指标，纵向配筋率控制在 0.3%～0.6% 范围内，横向裂缝的平均间距为 0.5～3.0 m，裂缝宽度限制为 1.5 mm，钢筋拉应力不超过钢筋屈服强度；由于配筋率低，连续配筋混凝土基层较 CRCP 投资成本少。

第七，配筋设计时，宜选用 $\phi 12$～$\phi 18$ 的螺纹钢筋；对于一般地区，尽量不要采用强度等级 C40 及以上的水泥混凝土；选择施工季节与施工时间要以与设计日最高温度相符为原则；推荐采用斜向斜向布置横向钢筋的结构形式；纵向筋位置可以设在距板顶 1/3～1/2 厚度范围内，推荐位置尽量靠近顶部。

7.2　有待研究的问题

由于客观原因，对连续配筋混凝土基层的研究深度有限，至今仍存在一定问题未很好解决，需要进一步研究。主要有以下问题。

第一，由于沥青面层的存在，使得连续配筋混凝土基层顶部的温度变化幅度发生改变。沥青路面温度场的预估模型尚不准确，由于缺乏大量实测温度数据，修正后的预估模型适用范围有限，对预估模型的研究需进一步深入。

第二，为简便、安全地进行板厚设计，需要利用大量观测数据及试验与分析，探寻板厚与累计交通量的关系。

第三，连续配筋混凝土基层沥青路面，在我国尚处于结构研究、推广应用阶段，应结合国外长期使用状况以及国内使用经验，建立连续配筋混凝土基层破坏准则及评价体系。

参 考 文 献

[1] 龚曙光，谢桂兰．ANSYS 操作命令与参数化编程［M］．北京：机械工业出版社，2004．

[2] 郝文化．ANSYS 土木工程应用实例［M］．北京：中国水利水电出版社，2005．

[3] 过镇海，时旭东．钢筋混凝土原理与分析［M］．北京：清华大学出版社，2003．

[4] 王秉纲，郑木莲．水泥混凝土路面设计与施工［M］．北京：人民交通出版社，2003．

[5] 胡长顺，王秉纲．复合式路面设计原理与施工技术［M］．北京：人民交通出版社，1999．

[6] 沈金安．国外沥青路面设计方法总汇［M］．北京：人民交通出版社，2004．

[7] 郑传超，王秉纲．道路结构力学计算［M］．北京：人民交

通出版社，2003.

[8] [美] E J 约德. 路面设计原理 [M]. 陈炳麟，等译. 北京：人民交通出版社，1983.

[9] 邓学钧，陈荣生. 刚性路面设计 [M]. 北京：人民交通出版社，2005.

[10] 武和平. 高等级公路路面结构设计方法 [M]. 北京：人民交通出版社，1999.

[11] 郝大力，王秉纲. 路面长期性能研究综述 [J]. 国外公路，1999（1）：11—15.

[12] 梁乃兴，韩森，屠书荣. 现代路面与材料 [M]. 北京：人民交通出版社，2003.

[13] 邓学钧. 路基路面工程 [M]. 北京：人民交通出版社，2000.

[14] 黄仰贤. 路面分析与设计 [M]. 余定选，等译. 北京：人民交通出版社，1998.

[15] 黄晓明. 水泥路面设计 [M]. 北京：人民交通出版社，2003.

[16] 沙庆林. 高等级公路半刚性基层沥青路面 [M]. 北京：人民交通出版社，1998.

[17] 刘兴法. 混凝土结构的温度应力分析 [M]. 北京：人民交通出版社，1991.

[18] 姚祖康. 路面 [M]. 北京：人民交通出版社，1998.

[19] 秦健，孙立军. 国外沥青路面温度预估方法综述 [J]. 中

外公路，2005，25（6）：19—23.

[20] 孙立军．沥青路面结构行为理论［M］．北京：人民交通出版社，2005.

[21] 吴赣昌．半刚性路面温度应力分析［M］．北京：科学出版社，1998.

[22] 刘涛，杨凤鹏．精通 ANSYS［M］．北京：清华大学出版社，2002.

[23] 叶先磊，史亚杰．ANSYS 工程分析软件应用实例［M］．北京：清华人学出版社，2003.

[24] 伯芳．大体积混凝土温度应力与温度控制［M］．北京：中国电力出版社，1999.

[25] 曹东伟．连续配筋混凝土路面结构研究［D］．西安：长安大学，2001.

[26] 陈云鹤，邓学钧．连续配筋混凝土路面温度应力的弹性解［J］．应用力学学报，2000，17（4）：76—80.

[27] 胡长顺，曹东伟．连续配筋混凝土路面结构设计理论与方法研究［J］．交通运输工程学报，2001，1（2）：57—62.

[28] 田寅春，胡长顺，王秉纲．连续配筋混凝土路面荷载应力分析［J］．西安公路交通大学学报，2000，20（3）：6—10.

[29] 胡长顺．连续配筋混凝土路面设计理论与方法研究［R］．西安：长安大学，2000.

[30] 叶丹．CRCP 与 HMA 层路面结构力学分析［D］．南京：东南大学，2002.

［31］ AASHO. Guide for Design of Pavement Structures. Published by AASHO，1986.

［32］M KAGATA，N WATANABE. A Study on Structure of CRCP［C］//. The 44th Annual Meeting of Cement Association of Japan. 1990.

［33］朝日理登．日本道路公団における舗装の長寿命化へ取組み──コンポジット舗装の導入［J］．舗装，2001（9）．

［34］佐藤研一．土系舗装体の耐久性と歩き心地に関する研究［J］．土木学会舗装工学論文集，2002（6）．

［35］中华人民共和国国家标准．GB 50010—2002 混凝土结构设计规范［S］．北京：中国建筑工业出版社，2002.

［36］中华人民共和国国家标准．JTG D62—2004 公路钢筋混凝土及预应力混凝土桥涵设计规范［S］．北京：人民交通出版社，2004.

［37］中华人民共和国国家标准．JTG D40—2002 公路水泥混凝土路面设计规范［S］．北京：人民交通出版社，2002.

［38］中华人民共和国国家标准．JTG F30—2003 水泥混凝土路面施工技术规范［S］．北京：人民交通出版社，2003.

［39］徐有邻．变形钢筋──混凝土黏结锚固性能的试验研究［R］．北京：中国建筑科学研究院，1990.

［40］徐有邻，周氏．混凝土结构设计规范理解与应用［M］．北京：中国建筑工业出版社，2002.

［41］付恒箐．低周反复荷载作用下月牙钢筋粘结性能试验研究［R］．西安：西安冶金建筑学院，1986.

［42］张军辉，黄晓明. CRCP：当今高速公路耐久性路面的解决方案——荷兰实践［J］. 中外公路，2005，25（6）：11—15.

［43］赵羽习，金伟良. 钢筋与混凝土黏结本构关系的试验研究［J］. 建筑结构学报，2002，23（1）：32—37.

［44］陈建平，徐勋倩，包华. 钢筋混凝土黏结滑移特性的研究现状［J］. 南通工学院学报（自然科学版），2004，3（4）：51—56.

［45］徐有邻，刘立新，管品武. 螺旋肋钢丝黏结锚固性能的试验研究［J］. 混凝土与水泥制品，1998（4）：24—29.

［46］八谷好高，坪川将丈，董勤喜. 半たわみ性材料による空港アスファルト舗装の補修設計［J］. 土木学会舗装工学論文集，2002（7）.

［47］八谷好高，高橋修，坪川将丈，鈴木徹. 空港舗装を対象とした半たわみ性材料の力学特性［J］. 土木学会舗装工学論文集，2000（5）.

［48］八谷好高，坪川将丈. 半たわみ性材料によるオーバーレイの現場試験施工［J］. 土木学会舗装工学論文集，2001（6）.

［49］下村胜敏. ハイブリッド舗装の建設現場への試行導入［J］. 技术情报志「EXTEC」，2005.

［50］西冈恵治. ハイブリッド舗装の積雪寒冷地での試験施工と追迹調査結果［J］. 技术情报志「EXTEC」，2005.

［51］绪畑和也. 積雪寒冷地域の特性を考慮した新たな舗装混合物の開発［J］. 技术情报志「EXTEC」，2008.